AF206144

Günter Pohl

Prinzipien

der allgemeinen und christlichen

Ethik

oder:

Was ist ein gutes
und
christliches Handeln?

FSC
www.fsc.org

MIX

Papier aus ver-
antwortungsvollen
Quellen
Paper from
responsible sources

FSC® C105338

© 2020
Herstellung und Verlag:
BoD – Books on Demand, Norderstedt
ISBN: 978-3-7504-8233-3

Das Wissen um das richtige

Verhalten

ist den Menschen

ins Herz geschrieben

und ihr Gewissen bezeugt es ihnen.

(frei übersetzt nach Röm.2,15)

Inhaltsverzeichnis

O. Vorwort

Warum sollte man ein Buch über Ethik lesen, bzw. über die Frage nach dem richtigen Verhalten nachdenken? Wer fragt heute noch danach? Wer macht sich darüber noch Gedanken? Warum auch? Man lebt und gut! Mal sehen, was kommt. Wenn ich auf die Straße gehen würde und die jungen Leute befragte, würde ich in erstaunte Gesichter blicken und würde zur Antwort bekommen: „Was soll diese Frage? Ich mache mir darüber keine Gedanken und weiß auch nicht, wofür das gut sein soll." Vielleicht würde man diese Frage auch juristisch missverstehen und antworten: „Es reicht, wenn ich einen guten Anwalt habe, wenn es drauf ankommt. Soll ich etwa alle Gesetze kennen?"
Die Frage nach dem richtigen Verhalten stellt sich nur jemand, der sich einer höheren Autorität verpflichtet fühlt. Im juristischen Fall ist dieses der Staat oder das Grundgesetz. Dieser Autorität muss man sich zwangsweise beugen, ob man will oder nicht. Aber sonst erkennt man in der Regel kaum noch jemanden an, der über einem steht. Vielleicht sind es Vorgesetzte in der Arbeit oder die Eltern innerhalb einer Familie, denen man mehr oder weniger freiwillig untersteht. Aber all diesen Personen kann man die Untergebung aufkündigen.
Niemand möchte von jemandem bevormundet werden. Man will frei sein und selbstbestimmt. Also fragt man auch nicht danach, wie man leben soll, weil man sich nur sich selbst gegenüber verpflichtet weiß. In einer Gesellschaft, in der nur das Individuum das höchste Gut ist, nicht eine Gemeinschaft, auch nicht das Volk und erst recht nicht eine göttliche Macht, an der man

zweifeln kann, wird deshalb auch nicht danach gefragt, wie man ethisch richtig handeln soll. Es wird meist nur danach gefragt: „Was dient mir? Was tut mir gut? Wie kann ich mich selbst verwirklichen? Oder: Soll ich meines nächsten Bruder sein? Wenn jeder an sich selber denkt, dann ist doch an alle gedacht. Wieso soll ich meine Nerven aufreiben für andere? Ich hab mit mir selbst genug zu tun!" Aber man fragt oft nicht: „Was tut anderen gut?"

Nicht umsonst spricht man heute von einer „Ellenbogengesellschaft" oder gar von „sittlicher Verrohung". Es ist kein Wunder! Warum sollte man sich um andere kümmern? Der Nächste geht mich nichts an. In der Welt gilt eben das Gesetz des Stärkeren. Selbst ein Philosoph wie Friedrich Nietzsche hat das Mitgefühl als krankhaft bezeichnet, weil eine menschlich gesunde Entwicklung nur gewährleistet werden kann, wenn sich der Stärkere biologisch und evolutionär durchsetzt und vermehrt, so wie es halt das Gesetz der Natur sei.

Friedrich Nietzsche hat zwar einen wichtigen Gedanken gehabt in einer Zeit, als das Individuum nicht viel galt, dafür aber die Gesellschaft. Er hat mit Recht darauf verwiesen, dass man vor allem sich selbst gegenüber verantwortlich sein muss. Wie soll man denn auch anderen helfen, wenn man selbst hilflos und schwach ist? Aber Nietzsche hat den egoistischen Gedanken sehr weit übertrieben, so weit, dass er dem Ego schon göttliche Eigenschaften beimaß. Er hat dabei vergessen, dass eine altruistische (also auf den Nächsten bezogene) Haltung auch mit der eigenen Entwicklung seiner Persönlichkeit zu tun hat.

Eines Tages kam jemand zu mir mit der Aussage: „Es ist unerträglich, wie mein Gewissen reagiert, wenn ich etwas tue, was anscheinend nicht in Ordnung ist. Kann man das Gewissen nicht abschalten? Ist nicht das schlechte Gefühl dabei nur anerzogen, weil die Gesellschaft bestimmte Dinge für richtig und bestimmte Dinge für falsch hält? Und wenn das der Fall ist, dann müsste man sich doch einreden können, dass ein schlechtes Gewissen nur anerzogen ist und somit gar keine Berechtigung hat, dann müsste man es doch wegtherapieren können".

Die Frage war sehr berechtigt. Denn sie ist sehr aktuell, politisch wie auch religiös. Wir leben heute in einer Welt, wo scheinbar alles erlaubt ist, was früher einmal als unmoralisch oder gar als Sünde galt. Vorehelicher Geschlechtsverkehr beispielsweise ist nicht mehr moralisch verwerflich, sondern geradezu normal. Wer „keusch" in die Ehe geht, gilt heutzutage schon als abnormal, wenn nicht sogar als sonderlich. Auch ist Fremdgehen oft nur noch ein Kavaliersdelikt und ist kein Trennungsgrund mehr. Abtreibung galt früher als Mord, heute darf man sogar dafür Werbung machen. Homosexualität galt früher und in vielen Ländern heute noch als Verbrechen oder als krankhafte Veranlagung. In den Schulen wird jetzt aber den Grundschülern und zuweilen sogar den Vorschulkindern nahegelegt, sich zu ihrer möglichen Homosexualität zu bekennen, weil es normal sei, das gleiche Geschlecht zu lieben. Diverse sexuelle Praktiken werden heute sogar beworben und Love-Paraden werden von den Landeskirchen sogar unterstützt, in der falschen Annahme, dass Liebe ja keine Sünde sei und Jesus ja auch von Liebe gesprochen habe.

Die sexuelle Aufklärung geht sogar noch weiter. Selbst die Bezeichnung Mann und Frau gilt als überholt. Jeder soll so leben dürfen, wie er sich fühlt. Wer zum Beispiel einen männlichen Körper hat und sich als Frau fühlt, der soll so leben wie eine Frau und soll sich durch Medikamente oder Operation verändern dürfen. Als überholt gelten in manchen Bereichen auch Begriffe wie Vater und Mutter. Stattdessen sollen Bezeichnungen wie „Gender 1" bzw. „Gender 2" verwendet werden. Selbst wer als Mann ein Kind austragen möchte, kann sich ein Embryo unter medizinischer Aufsicht einpflanzen lassen.

Im sexuellen Verhalten hat sich also viel verändert. Die sog. 68er-Revolution hat sich voll entfalten können, bis an die Grenze des Absurden. Vor einigen Jahrzehnten hatten sogar „die Grünen" gefordert, das Gesetz abzuschaffen, bei dem Sex mit Kindern unter Strafe gestellt wird.

Aber auch in anderen Bereichen hat sich viel verändert. Galten früher Staatsgrenzen als normal und Liebe zu seinem Land als wünschenswerte Tugenden, so gilt im „Mainstream" das heute als gestrig und sogar als faschistoid. Hat man früher darauf geachtet, dass ein Volk mehrheitlich genuin lebt und seine Traditionen erhalten bleiben, so wird heute eine „Multikulti-Gesellschaft" positiv bewertet, trotz aller Probleme, die sich dadurch ergeben.

War früher eine offene Debattenkultur im Sinne einer gesunden Demokratie noch vorhanden, so ist in den letzten Jahren eine Meinungsdiktatur entstanden, die in unserer Gesellschaft einen Riss hat entstehen lassen. Wer Kritik an dieser Politik der vermeintlichen Offenheit äußert, kann, wenn er eine bekannte Person ist, die Konsequenz eines Berufsverbotes spüren (z.B. die Tagesschau-Sprecherin Eva Hermann, der Sänger

Xavier Naidoo oder Andreas Gabalier, bis zum CDU Politiker Hans Georg Maaßen und vielen anderen).
Es hat sich viel verändert. Die Werte von früher sind nahezu auf den Kopf gestellt worden („pervertiert"). Es hat im wahrsten Sinn eine Revolution im geistigen Bereich gegeben. Alle Veränderungen geschahen schleichend unter dem Vorwand des vermeintlichen Wohles des Menschen.
Und die Kirchen schweigen oder machen sogar mit. Die katholische Kirche bezeichnet vieles vom oben Genannten zwar als Sünde, die offiziellen Stellungnahmen dazu sind allerdings verstummt.
Bei all der Vielfalt der Meinungen kann man sich fragen, welche Ethik denn nun die richtige sei? Ist alles beliebig gleich richtig und gut? Kann jeder sich aussuchen, was er machen will und wie er leben will? Oder soll man sich einfach dem fügen, was die Politiker machen, nach dem Motto: „Die werden schon wissen, was gut ist!"?
Man könnte auch weiter fragen: Gelten heute alle Verhaltensregeln meiner Religion genauso wie früher? Sind die 10 Gebote heute noch gültig, muss man die Bibel umschreiben? Halten die Gebote Gottes heute noch einer gründlichen Überprüfung stand?
Im Folgenden wollen wir diesen Fragen nachgehen. Von der allgemeinen Ethik ausgehend, wollen wir uns zu einer religiösen vorarbeiten und anschließend die genuin christliche Ethik am Beispiel der Lehre und dem Leben Jesu betrachten.

I. Allgemeine Ethik

Vorüberlegung zu einer Allgemeinen Ethik

„Werte und Normen" ist ein Schulfach, das anstelle des Religionsunterrichts gewählt werden kann. Darin versucht man mit den Schülern herauszufinden, wie der Mensch sich verhalten soll. Man verweist dabei gern auf den sog. Kategorischen Imperativ des deutschen Philosophen Immanuel Kant, der besagt: „Handle so, dass die Maxime deines Willens zugleich als Prinzip einer allgemeinen Gesetzgebung gelten könnte!" Oder einfacher ausgedrückt: „Was du nicht willst, dass man dir tu`, das füg` auch keinem andern zu!" Dieser Spruch wird als Goldene Regel bezeichnet. Schon bereits Jesus Christus hat in seiner Bergpredigt im 7. Kapitel, Vers 12, des Matthäus-Evangeliums gesagt: „Alles nun, was ihr wollt, das euch die Leute tun, das tut ihr ihnen auch!"

Abgesehen von spitzfindigen Gegenargumenten gelten diese Regeln weltweit. Sie sind uns quasi ins Herz geschrieben. So spricht auch der Apostel Paulus (Röm. 2,15): „Sie (die Heiden, bzw. alle Menschen) beweisen damit, dass in ihr Herz geschrieben ist, was das Gesetz fordert, zumal ihr Gewissen es ihnen bezeugt, dazu auch die Gedanken, die einander anklagen oder auch entschuldigen".

Diese Meinung wird als „Naturrecht" bezeichnet; sie besagt, dass es im Menschen etwas gibt, das ihm zeigt, was richtig und falsch ist.

Jeder, der in sich geht, kann also den übergeordneten Willen, der in uns gelegt ist, erkennen. Wer Falsches tut, bekommt „Gewissensbisse", wer Gutes tut, hat ein

„reines Gewissen". Wir alle kennen das. Für den Philosophen Kant galt das als Beweis für die Existenz Gottes. In der Neuzeit wird dieser Gedanke aber sehr in Frage gestellt. Zwar leugnet man nicht, dass es im Menschen eine Instanz namens Gewissen gibt, aber deshalb könne man noch lange nicht genau definieren, was gut und böse sei. Gut und Böse hängen scheinbar vom Weltbild eines jeden Betroffenen ab. Was für den einen gut zu sein scheint, kann möglicherweise für einen anderen böse sein. Als Beispiel sei ein Islamist genannt. Für ihn, so glaubt er, ist es gut, wenn er einen Ungläubigen tötet. Er meint, dass es eine gute Tat sei, weil er es für Allah getan habe und dass er dafür ins Paradies komme und belohnt werde.

Wir sehen also: Die ethischen Vorstellungen scheinen sehr relativ zu sein. Wenn das der Fall wäre und wir das wirklich glauben würden, müsste doch jeder sagen können: Es gibt kein absolut Gut und Böse. Ja, mehr noch: Jeder soll sich aussuchen dürfen, was für ihn die gültige Ethik sei. Jeder soll machen können was er will. Wenn jemand demnach Töten gut findet, soll er töten; wenn jemand Stehlen gut findet, soll er stehlen! Es scheint ja sowieso alles relativ zu sein.

Aber was geschieht, wenn wir so handeln? Es macht sich Unmut breit, denn niemand möchte gern getötet werden oder bestohlen. Man wird die Polizei rufen und die Justiz wird ihre Arbeit tun. Denn niemand findet das gut! Was ist hier geschehen? Auf der einen Seite sagen wir, Gut und Böse seien relativ und jeder soll doch so handeln, wie er es für richtig hält; auf der anderen Seite sagen wir, man solle Grenzen ziehen. Wer setzt hier die Grenzen?

Nun schön, wir sagen, der Staat setzt die Grenzen. Aber tut er es willkürlich? Wo nimmt er die Kriterien her für seine Grenzziehung?

Der Gesetzgeber drückt es sinngemäß so aus: **Wir Menschen haben durch Überlegung einen Konsens gefunden, nach dem wir uns richten wollen und haben es als Gesetz formuliert. In der Fachsprache nennt man das „Positives Recht", im Gegensatz zum „Naturrecht", von dem wir vorhin gesprochen haben.**

Mit anderen Worten: Das Wissen um Gut und Böse entsteht bei dieser Rechtsprechung aus den gemeinsamen Überlegungen der Menschen selbst, mittels der Vernunft. Wenn irgendwann eine andere Meinung herrscht, wird das Gesetz wieder geändert. Gut und Böse werden hier beliebig dem jeweiligen Zeitgeist angepasst.

Auch hier merken wir: Jeder Staat formuliert seine Gesetze wie er es braucht. Ein diktatorischer Staat wird andere Gesetze haben als ein demokratischer. Auch hier sehen wir: Wie beim Einzelnen sind die Vorstellungen vom rechten Handeln auch im Staat sehr relativ. Immer, wenn die Moral vom Menschen her begründet wird, bleibt sie relativ, egal ob vom Einzelnen oder von Vielen.

Müssen wir uns damit abfinden oder gibt es absolute Gründe für die Ethik? Kann das Naturrecht sich auf feste Werte berufen, die immer gültig sind? Wenn wir von absolut und immerwährend sprechen, tut sich die Frage auf: Gibt es überhaupt das Absolute und Ewige? Genau das ist der entscheidende Punkt!

Das Absolute und das Relative

Unsere Gesellschaft lebt im Allgemeinen sehr eindimensional (sie glaubt nur an diese sichtbare Welt) und rechnet nicht mehr mit dem Absoluten. Man kann es auch religiös ausdrücken: Sie rechnet nicht mehr mit Gott. Denn Gott ist ja der oder das Absolute schlechthin. Wenn man diesen Gedanken aber von vornherein ausklammert, wird man immer im Relativen stecken bleiben. Wer nicht mit einer transzendenten Dimension rechnet, wird immer zu demselben Resultat kommen, dass Gut und Böse relativ seien, ja sogar, dass das gesamte Leben relativ ist. Es gibt demnach nichts Absolutes; alles ist relativ, wandelbar und allezeit neu verhandelbar.

Für einen religiösen Menschen stellt sich diese Frage nicht, oder zumindest nicht in dem Maße. Ein religiöser Mensch glaubt an das Absolute namens Gott. Aber auch hier bleibt die Unsicherheit. Ist es nur ein Glaube? Glauben heißt doch „nicht wissen", bzw. „vermuten". Jeder würde auf unseren Hinweis auf das Absolute immer argumentieren: „Was du da sagst, ist ja nur deine Meinung, dein Glaube, deine Vermutung. Beweise mir doch, dass es das Absolute gibt, dann können wir uns über eine Ethik unterhalten, die nicht relativ ist".

Gewiss kann man gegenargumentieren und fragen: „Beweise mir doch, dass es nur das Relative gibt und nicht das Absolute!" Auch hier kann kein Beweis für das Gegenargument erbracht werden.

Das Relative kann also genauso wenig bewiesen werden wie das Absolute.

Was nun? Hier sind wir in einer Sackgasse. Denn könnte man das Absolute beweisen, könnte man auch

Gott beweisen. Wie wir wissen, kann man das nicht. Wie will ein unvollkommenes Wesen das Vollkommene beweisen?! Wie will eine Ameise den Menschen beschreiben? Mit einem groben Werkzeug kann man keine Uhr reparieren. Unser Gehirn entspricht einem groben Werkzeug. Gott ist Geist, wie wir wissen. Unsere Gehirnaktivität tut sich schwer mit diesem Gedanken. Sie ist zu grob, um den Geist Gottes zu erfassen. Gibt es denn einen Apparat in uns, der das geistig Absolute erfassen kann? In den religiösen Traditionen spricht man hier von „Herz". Mit dem Herzen können wir Gefühle und geistige Wahrheiten eher wahrnehmen als mit unserem Gehirn. Dafür sprechen schon die elektrischen Impulse, die vom Herzen ausgehen; sie sind viele Male stärker als die des Gehirns. **Das Herz reagiert, wenn wir etwas Schlechtes tun.** Es reagiert z.b. wenn wir lügen. Wir kennen alle einen Lügendetektor aus den Krimis im Fernsehen oder vielleicht haben wir selbst schon mal bei der Polizei davor gesessen. Mit Hilfe eines Lügendetektors kann man messen, ob man lügt oder nicht. Man misst dazu mehrere elektrische Impulse. Denn diese verändern sich, wenn man lügt. Sie verteilen sich im gesamten Körper. Der Herzschlag wird schneller, der Blutdruck steigt, die Haut reagiert und die Atmung verändert sich. Wir sehen also: Der Körper reagiert auf Lügen. Man kann generell sagen: Der Körper reagiert auf das Böse. Er „weiß" sozusagen was gut ist und böse. Aber natürlich ist es nicht der physische Körper oder das physische Herz, welche das wissen, sondern es ist unsere Seele. Die Psychologie kennt das Phänomen der Psychosomatik. Sie sagt, dass sich psychische Dinge auf körperlicher Ebene zeigen. Also ist es naheliegend, dass man das auch körperlich mit Geräten messen kann. Obwohl in der Medizin viel von der Psyche die Rede ist, wird dennoch meist nicht anerkannt, dass die Seele ein „geistiges Organ" ist, das weiß, was das Richtige ist, sondern es wird behauptet, dass dies anerzogen sei. Wir sagten vorhin, dass wir auf unser Herz hören sollten, wenn wir nach dem Absoluten fragen. Obwohl unser Herz ein feineres Organ für geistige Realitäten ist, kann man immernoch nicht im klassischen Sinne beweisen, dass es das geistig Absolute gibt. Weiter kommen wir scheinbar nicht. Denn alles, was man beweisen will, muss man ja mit dem Gehirn reflektieren. Dieses kann aber nur einseitig argumentieren.

Lasst uns ein Beispiel aus der Pathologie anführen! Es gibt Menschen, die keinen Zugang zu ihren Gefühlen haben. Sie denken nur logisch. Ihre Gefühlswelt bleibt verschlossen. Diese Menschen nennt man Psychopathen. Diese können die schlimmsten Verbrechen begehen, ohne irgendwelche Bedenken oder Gewissensbisse. Wir erkennen sofort: Ein Handeln nur aus der Logik heraus, ohne Zugang zu Gefühlen, ist krankhaft zu nennen. Und dennoch wird in der Wissenschaft immer nach einer reinen Logik geforscht. Immer will man das Gewissen logisch einordnen oder definieren.

Also: die Frage nach dem Absoluten kann mit der Logik allein nicht beantwortet werden. Und natürlich ebenso nicht die Frage nach dem absolut Guten und Bösen.

Logik ist also sehr lückenhaft. Erst die Hinzunahme der Gefühle von Empathie ergeben ein vollständigeres Bild. Natürlich kann deshalb immer noch nicht von einem

Beweis gesprochen werden. Aber immerhin von einem Indiz.

Das absolute Wissen um Gut und Böse kann zwar nicht direkt vom Absoluten hergeleitet werden, aber immerhin verweist uns die Indizienlage auf die Annahme, dass es ein Absolutes gibt.

Was sollen wir tun, wenn wir uns fragen, ob eine Handlung, die wir begehen wollen, gut oder böse ist? Wir könnten zuerst alle Argumente sammeln, die wir finden, um abzuwägen, was das Beste davon sei. Es kann vorkommen, dass trotz allem kein Ergebnis befriedigend scheint. Was tun wir dann? Dann fragen wir uns selbst. Dann fragen wir: Wie fühlt es sich an? Wie fühlt es sich für mich persönlich an und wie fühlt es sich für den betreffenden Anderen an? Das nennt man Empathie.

Die Empathie ist ein entscheidender Faktor für die Frage nach richtig und falsch.

Sie sollte bei allem hinzugezogen werden! Nicht nur bei der Frage, wie man dem Menschen gegenüber handeln soll, sondern es betrifft ebenfalls die Tiere, die Pflanzen, und die Umwelt allgemein. Und manchmal fragen wir auch (falls wir religiös sind): Was mag Gott darüber denken? Der Theologe und „Urwalddoktor" Albert Schweitzer nannte diese Einstellung „Ehrfurcht vor dem Leben".

Das anerzogene Gut und Böse

Die Indizienlage ist klar. Unsere Gefühle schlagen Alarm, wenn wir etwas Böses tun und sie belohnen uns mit guten Gefühlen, wenn wir etwas Gutes tun. Das scheint von der Natur oder Gott einprogrammiert zu sein. **Vielleicht sollten wir weniger von Gut und Böse sprechen, als vielmehr von Ordnung und Unordnung.** Denn jeder Mensch merkt, wenn etwas nicht in Ordnung ist. Und jeder merkt, wenn sich etwas nicht ordentlich, nicht richtig anfühlt. Jeder Mensch ist an eine übergeordnete universale Ordnung angeschlossen. Es ist die Natur des Kosmos, deren Teil jedes Lebewesen ist. Fallen wir aus dieser kosmischen Ordnung, fühlen wir uns schlecht oder krank und sind nicht „in Ordnung".

Hier sollten wir uns eigentlich auf unsere innere Eingebung verlassen dürfen. Wir achten auf unsere Körperfunktionen, ob sie uns unruhig machen oder ob wir uns wohl fühlen, ob sie uns krank machen oder gesund. Alles ganz einfach. Oder?

In früheren Zeiten hat man danach ohne Weiteres gehandelt und hat darauf vertraut, dass diese inwendigen Gefühle von Gott eingegeben wurden und man zweifelte es nicht an. Jede Religion kann mit ihren Argumenten auf diese Gegebenheit verweisen.

Mit dem Bekanntwerden anderer Religionen und Weltanschauungen aber sah man, dass Gut und Böse von anderen Menschen auch verschieden von unseren Vorstellungen sein können. Was bei uns gut zu sein schien, war für andere böse. Hier sei an das o.g.

Beispiel mit dem Islamisten erinnert, für den anscheinend andere Maßstäbe gelten, wenn er andere Menschen tötet. (Wie es innen drin bei einem solchen Menschen aussieht, bleibt fraglich. Denn obwohl er denkt, er handelt gut, muss er seine Gefühle stark unterdrücken oder abtöten. Er wird dadurch „Schaden an seiner Seele nehmen" [Mt.16,26]).

Da könnte man auf den Gedanken kommen, dass das Verständnis von Gut und Böse nur anerzogen sei. Dieser Glaube ist heute sehr weit verbreitet. Er reicht so weit, dass selbst vermutet wird, dass „Mann und Frau", bzw. „Junge und Mädchen" etwas gesellschaftlich Geprägtes sei. Auch die verschiedenen Interessen der Geschlechter (wie z.B. Berufe als Krankenschwester oder Kfz-Mechaniker) seien nur anerzogen, aber nicht naturgegeben.

Bei unserer Frage nach dem Guten und dem Bösen neigt man heute also zu der Annahme, dass es sich um anerzogene Maßstäbe und Verhaltensregeln handelt, die weitestgehend von den Eltern oder der Gesellschaft geprägt sind.

Wenn man also heute von Gewissen redet, so geht man in der Verhaltenspsychologie davon aus, dass dieses evolutionär durch die Prägung gesellschaftlicher Autoritäten in Jahrhunderten und Jahrtausenden gebildet wurde. Mit anderen Worten: Gewissen müsse ein gesellschaftliches und demnach menschliches Produkt sein. Es ist klar, dass man diesem dann keinen absoluten Wert beimessen kann in dem Sinne, dass das Gewissen etwas Göttliches sein könnte.

Man versteht deshalb bei dieser Weltanschauung den Menschen, wenn er auf die Welt kommt, weitestgehend als Neutrum. Und alles, was er später

einmal denkt und fühlt, wurde von seiner gesellschaftlichen Umwelt beeinflusst. Eben auch seine ethische Prägung. Diese Beeinflussung nennt man in der Psychologie „Eltern-Ich". Es ist jener Bereich in uns, der das Gewissen stark prägt. Es spricht: „Das darfst du tun – jenes ist verboten" oder „das tut man aber nicht" bzw. „das macht man aber so". An dem Wörtchen „man" kann man das Eltern-Ich erkennen. Daran wird deutlich, dass eines jeden Gewissen nicht nur von sich selbst gebildet ist, sondern von diesem ominösen „man". Es meint also eine moralische Prägung von außen.

Um aber seine wahre Identität zu erlangen, muss man sich von diesem Eltern-Ich befreien, um zu dem sogenannten „Erwachsenen-Ich" vorzudringen, so die anerkannte psychologische Lehrmeinung. Dieses Ich ist durch selbständige Überlegungen herangereift. Es hat durch Erfahrung oder Nachdenken ein Bewusstsein entwickelt und kann unbeeinflusst von äußeren Manipulationen frei handeln und frei entscheiden, was für sich gut und böse ist. Es ist frei von dem, was ihm früher seine Eltern gesagt haben und frei von dem, was ihm die Kirche im Religionsunterricht beigebracht hat. Es ist auch frei von staatlicher Indoktrination. Inwieweit das zu realisieren ist, bleibt fraglich.

23

Die Quintessenz der Ethik

So weit, so gut. Aber auch hier sind wir wieder an jenem Punkt angelangt, dass Gut und Böse sehr beliebige Vorstellungen zu sein scheinen, die sich jeder Erwachsene durch eigene Überlegung und Gutdünken selber „basteln" kann.

Ein Mensch, der zu seiner Identität gelangt ist - wie es die Psychologie als Endziel postuliert - kann durchaus zu einer ethischen Vorstellung gelangt sein, die unsozial oder egoistisch, ja sogar kriminell sein kann. **Also darf eine sogenannte Identität nicht als Nonplusultra der Menschwerdung gelten.**

Noch immer ist Moral in die Beliebigkeit des Einzelnen gestellt und ein mit sich identisches menschliches Wesen kann selbst entscheiden, was für ihn gut ist. Ja, es kann sogar aus Gut ein Böses machen. Es kommt eben nur darauf an, eine richtige Begründung für das Handeln zu finden.

Wir sehen also: Wir müssen uns frei machen von menschlichen Beeinflussungen, von den Eltern, von der Gesellschaft - ja, sogar frei von uns selbst (!) - um zu dem Ursprung einer für alle geltende Ethik zu gelangen.

Wir müssen all diese Ebenen verlassen, um eine umfassendere und höherliegendere, sprich absolute, zu erreichen. Wir könnten jetzt sagen: Okay, das, was absolut gut und böse ist, kann ich nicht beweisen. Aber ich vertraue einfach auf das Wort Gottes, die Bibel und lebe nach den Zehn Geboten. Dann bin ich auf der richtigen Spur. Für sich selbst kann das schon den Grad der Gewissheit besitzen und sie bestätigt auch die innere Stimme, die erkennt, dass diese Gebote richtig sind. Wir verlassen uns dabei nicht auf uns selbst, sondern vertrauen Gott. Der weiß schon, was für uns gut ist. Jeder, der das für sich erkannt hat, braucht nicht mehr Beweise dafür. Es ist für ihn Beweis genug. Das Problem stellt sich erst, wenn man diese Ethik anderen vermitteln möchte. Das eigene Überzeugtsein überzeugt andere nicht unbedingt. Sie verlangen nach einer logischen Begründung. Wie wir oben schon gesehen haben, kann uns jemand direkt fragen: „Ich möchte gern wissen, warum ich für andere Gutes tun soll. Kann es nicht sein, dass mein schlechtes Gewissen, wenn ich schlecht handele, nur anerzogen ist und es ziemlich egal ist, was ich tue?". Wie antworten wir ihm dann? Sagen wir ihm: „Ja, du kannst Böses tun ohne Reue. Dein schlechtes Gefühl, das du dabei hast, ist ja nur anerzogen". Wahrscheinlich antworten wir so nicht! Sondern wir würden ihn zu überzeugen versuchen, dass er falsch liegt, weil wir spüren, dass das nicht wahr sein kann, was er sagt.

Wer meint, man könne tun und lassen, was man will, ohne Konsequenzen befürchten zu müssen, der glaubt daran, dass das Leben im Grunde nur ein Zufall ist.

Der glaubt, dass der Grund des Lebens unbewusst, leer, unbedeutend und sinnlos ist; auch dass es keinen höheren Willen gibt als den des Menschen. Und wenn die Menschheit beschließt, aus Gut etwas Böses zu machen, dann ist es eben so und alle schlechten Gewissens- und Reuegefühle sind nur anerzogen und letztlich unbedeutend. „Lasst uns also das Leben so leben, wie es uns gefällt, ohne Rücksicht auf andere, denn nach uns gibt es nur das Nichts, den ewigen Tod", so könnte ein Atheist denken. Oft tut er es aber dennoch nicht. Manchmal tun auch Atheisten selbstlose Dinge, ohne daran zu glauben, dass es einen höheren Sinn gibt. Er tut es einfach. Daran ist nichts auszusetzen. Ein hartnäckiger Atheist wird wahrscheinlich weiterhin den Sinn einer absoluten Ethik anzweifeln. Er wird jeden einzelnen ethischen Grundsatz hinterfragen. Also zum Beispiel - das Stehlen. Stehlen ist schlecht, das wissen wir. Aber wir wissen auch, dass es unter Umständen gut sein kann. Dann nämlich, wenn man Hunger leidet und das eigene Leben bedroht sein würde, wenn man nichts zu essen findet. Hier wäre Stehlen sogar geboten, wenn man einen anderen nicht in dem Maße schadet, dass auch er in seiner Existenz bedroht sein würde.

So hat sogar Jesus gehandelt. Als er mit seinen Jüngern unterwegs war, hat er Ähren gepflückt, obwohl sie wahrscheinlich zu einem Feld gehörten, das einem anderen gehörte. Aber selbst wenn es frei wachsendes Getreide war, hat er ein religiöses Gebot übertreten. Denn es war Sabbat und an diesem Tag war es weder erlaubt unterwegs zu sein, noch, etwas zu pflücken.

Ein anderes Beispiel wäre das Töten. Natürlich wissen wir, dass Töten nicht gut ist. Man kann sich aber auch vorstellen, dass Töten geboten ist, dann nämlich, wenn ich oder andere von einem Mörder oder Diktator bedroht sind. Natürlich würde man immer vorziehen, den Täter anderweitig außer Gefecht zu setzen, aber möglich ist immer auch der extreme Fall. Alle Gebote konkreter Art (wie die 10 Gebote) können gegenteilig ausgelegt und interpretiert werden. Und wieder stehen wir vor unserer Frage nach einer übergeordneten Ethik. Es müsste doch eine Formel geben, die allgemein gültig ist und oberhalb aller relativen Ge- und Verbote.

Jesus hat eine solche Formel gegeben. Er sagte: „Ihr sollt Gott lieben und euren Nächsten, wie (auch) euch selbst". Man nennt es fälschlicherweise das „Doppelgebot der Liebe", es ist aber ein „Dreifachgebot". Wer Gott liebt, den Nächsten liebt und sich selbst lieben kann, der braucht im Grunde keine Gebote, denn alle Gebote sind darin eingeschlossen. Und alle Gebote können damit korrigiert werden, wenn sie falsch angewandt werden sollten. Es ist sozusagen der oberste Paragraph aller Gebote, ähnlich dem §1 der Straßenverkehrsordnung, der alle anderen Verkehrsverhaltensregeln außer Kraft setzen kann, z.b. wenn Lebensgefahr bestünde, wenn man bei Rot einer Ampel stehen bleiben würde.

So gesehen, basieren alle Gebote des rechten Verhaltens und alle Verbote auf diesem Dreifachgebot der Liebe. Der Heilige Augustinus brachte diese Formel des obersten Jesusgebotes noch ein weiteres mal auf einen gemeinsamen Nenner, indem er sagte: „Liebe und tue, was du willst".

Die Quintessenz von allem Tun ist die Liebe.

M.a.W.: Wer liebt, kann nicht böse handeln. Auch ein Atheist kann lieben, obwohl er keine Begründung für sein Tun findet. Oder vielleicht doch? Er würde vielleicht sagen: „Ich habe einen Grund, aber dieser liegt in mir. Ich habe aus eigenem Willen beschlossen, so zu handeln. Ich brauche keinen Gott dazu und auch keine sonstige übergeordnete Macht, keinen Sinn und keine Ordnung. Nur ich selbst bin mein Sinn und meine Ordnung. Basta". Hier wäre noch zu klären, ob dieser Grund in sich selbst nicht schon an einer übergeordneten höheren Ordnung anknüpft, auch wenn ein Atheist dies nicht erkennt. Wir sagten gerade: Wer liebt, kann nichts Böses tun. Wir müssen diese Aussage wiederum relativieren. **Denn selbstverständlich kann aus einer liebenden Haltung etwas Negatives herauskommen.** Ein hilflos Verliebter kann zu einem Stalker werden. Ein Liebhaber kann sogar zum Mörder werden. Eine liebende Mutter kann zu einer nervösen Aufpasserin ihres Kindes werden und es in seiner Entwicklung des Selbstbewusstseins hindern. Es gibt zahllose Möglichkeiten der missglückten Liebe. Ja, selbst bei allen vermeintlich perfekten Handlungen, kann das Ergebnis trotzdem alles andere sein als gut. Es gibt eben noch weitere Parameter für eine gelingende Handlung. Ein noch so selbstloses Verhalten, kann in die falsche Richtung gehen. Die Liebe Jesu zu seinen Jüngern konnte nicht verhindern, dass einer von ihnen zum Verräter wurde. Hier wird deutlich, dass gute Handlungen anderen gegenüber immer auch zu Ergebnissen führen können, die nicht beabsichtigt wurden. Aber diese Möglichkeit besteht immer. Das kann aber nicht eine Begründung dafür sein, dass man anderen Menschen gegenüber nicht gut gesinnt sein sollte. Es bleibt bei der Aussage Augustinus. Aber sie kann nicht ohne Kommentar so stehen bleiben, sonst wird sie falsch verstanden, wie wir gesehen haben. Jesus und seine Jünger hätten durchaus die Aussage dieses Heiligen gelten lassen. So sagt der Apostel Paulus, dass die Liebe höher sei als alle Gebote (1.Kor. 13). Jesus ergänzt diesen Gedanken: „Seid schlau wie die Schlange und ohne Falsch wie die Taube" (Mt.10, 16). Damit will er sagen, dass es zwar richtig ist, aus einer selbstlosen Gesinnung Gutes zu tun, dass es aber notwendig ist, es nicht ohne Überlegung zu tun.

Der „Gutmensch"

In der allgemeinen Debatte der Politik wird oft vom „Gutmenschen" gesprochen. Obwohl es im Prinzip ein positiver Begriff ist, wird er doch negativ empfunden. Wie kommt das? Ein solcher Mensch handelt aus durchaus positiven Beweggründen. Aber er tut es eben, wie bei dem o.g. Wort Jesu, ohne groß darüber nachzudenken. Er handelt einseitig. Er hat ein großes Herz, ist mitfühlend und wohlwollend. Alles positive Motive! Und dennoch ist sein Handeln unausgewogen, ja, sogar manchmal überheblich und selbstherrlich und manchmal sogar schädlich, weil sein Gutsein auf Kosten anderer geht.

Ein Beispiel aus dem Straßenverkehr möge das verdeutlichen: Jemand steht mit seinem Auto an einer roten Ampel. Als es grün wird, bleibt er weiterhin stehen. Denn er denkt: Ich will denen etwas Gutes tun, die wegen mir warten müssen, sie sollen Vorfahrt haben. Nachdem er mit Handzeichen deutlich gemacht hat, dass sie fahren dürfen und diese sich nach anfänglichem Zögern über diesen Umstand freuen, macht sich hinter ihm Unmut breit. Denn er blockiert den Verkehr hinter sich. Alle, die hinter ihm stehen, können nicht fahren. Und sie schimpfen. Der Gutmensch aber beschimpft diese seinerseits ebenfalls und wirft ihnen vor, kein Herz für die anderen zu haben. Er beschuldigt sie des Egoismus. Als die Beschuldigten daraufhin erbost ihn mit Gewalt zur Seite drängen wollen, nennt er diese gewaltbereite Verbrecher.

Bei diesem Beispiel kann man sehr gut sehen, wie sich ein vermeintlich guter Mensch verhält. Er denkt durchaus aus seiner Sicht positiv. Er handelt durchaus

aus seiner Sicht sehr edel und selbstlos. Aber er sieht nicht die Konsequenzen seiner Handlung und er sieht nicht, dass sein vermeintlich gutes Handeln zu Lasten anderer geht.

Hier muss man nun auf eine aktuelle politische Debatte zu sprechen kommen. Es geht um die Asylpolitik der deutschen Bundesrepublik. Aus durchaus berechtigter Fürsorge und Mitleid den Migranten gegenüber hat man alle Grenzen geöffnet und hat signalisiert: Kommt alle aus der ganzen Welt zu uns, wir werden euch helfen. Als aber deutlich wurde, dass viele Kommunen überlastet waren, und sich Unmut in der Bevölkerung breit machte, beschimpfte man diese als Nazis. Wie bei unserem Beispiel aus dem Straßenverkehr hatte man auf Kosten der eigenen Bevölkerung anderen Gutes getan. Eine Tat, die man tut, indem man anderen schadet, ist niemals gut zu nennen. Jeder mag Gutes tun aus eigenem Vermögen, indem er zum Beispiel einen Emigranten bei sich bewirtet oder aufnimmt. Aber niemand soll Gutes tun, indem er andere damit belastet. Und schon gar nicht, indem er diese auch noch beschimpft.

Er braucht sich nicht zu wundern, wenn die Beschimpften sich zusammentun, um den Störenfried beiseite zu schaffen, indem die Regierung abgewählt wird, oder indem man fälschlicherweise Wut auf die Unschuldigen entlädt.

Was nun aber in besonderem Maße schmerzt, ist die Haltung mancher Landeskirchen. Denn auch sie sind auf den Zug der Beschimpfung aufgesprungen. In offiziellen Stellungnahmen wollen sie alle ausschließen, die nicht ihrer Meinung sind und die das Problem von einer anderen Seite her sehen. Die Kirche macht hier eine Politik, die ihnen nicht zusteht. Ja mehr noch, sie steht hinter einer Ethik, die einseitig und falsch ist. Eine Ethik muss immer ausgewogen sein und darf nicht zu Ungunsten anderer erstellt sein. Gutes tun ohne Sinn und Verstand bewirkt oft das Gegenteil. Die Kirche muss sich immer am Handeln Jesu orientieren. Hat Jesus Politik betrieben? War er Politiker? Wollte er weltliche Macht? Alles das muss verneint werden. Im Gegenteil! Er war auch kein Revoluzzer, kein Che Guevara für Migranten, Arme, Ausgebeutete, Kranke und Ausgegrenzte oder Asoziale. Alles das sind Eigenschaften, die ihm erst in unserer Zeit, mit dem Aufkommen des sozialistischen Gedankens zugeschrieben wurden. Er hat stets gesagt: „Gebt dem Kaiser, was dem Kaiser gehört und Gott, was Gott gehört" (Mt.22,21). Er hat nie behauptet, dass sein Reich von dieser Welt sei (Joh.18,36). Warum will die Kirche aber unbedingt Politik machen? Natürlich wurde Jesus politisch eingeordnet von Seiten der damaligen Regierung. Das lag aber an ihnen, nicht an Jesus selbst. Er hatte nie vor, eine Regierung zu stürzen. Sein Reich, das er prophezeite, war ein jenseitiges Reich. Weil die Regierung das nicht verstand und kein Jenseits anerkennen wollte, verstand sie fälschlicherweise, dass Jesus das Reich des Kaisers auflösen wollte und zur Revolution aufrief. Es gab eine Gruppe damals, die das so wollte, das waren die Zeloten. Das war eine religiös politische Gruppe, die die römische Besatzungsmacht aus Israel vertreiben wollte. Weil man nicht verstand, was er wollte, ordnete man Jesus dieser Gruppierung zu. Niemals aber hat sich Jesus wie sie geäußert. Deshalb ist es ein großer Fehler vieler Kirchen, wenn sie Jesus politisch verorten.

Übrigens sind es nur die westlichen Kirchen. Alle Ostkirchen wissen um ihre jenseitige Ausrichtung. Sie wissen, dass Jesus für das Seelenheil jedes Einzelnen sein Leben gegeben hat und nicht für eine politische Partei. Mit dem Verlust des Jenseitsglaubens vieler moderner Theologen wuchs die politisch motivierte Ausrichtung, aus Ermangelung einer Begründung ihres Daseins.

Bleiben wir bei dem Dreifachgebot der Liebe, so wie Jesus es versteht! Es scheint von allen Begründungen einer Ethik die logischte zu sein. Sie begründet sie vom Ich, vom Anderen und von Gott her. Zu diesem Thema noch ein zusammenfassendes Wort: Was ist Liebe?

Liebe ist Empathie!

Wir sagten es oben schon. Das Dreifachgebot Jesu kann also genauso lauten: „Versuche zu fühlen, was ein *anderer* fühlt, wenn du ihm etwas tust; versuche zu fühlen, was *dir* gut und heilsam ist und öffne dein Herz (fühle es) für das, was *Gott* will, wenn du zu ihm betest".

Während ein Atheist die ersten beiden Teile dieser Ethik bejahen kann, wird er die letzte nicht akzeptieren. Der Bezug auf Gott kommt bei ihm nicht vor.

Letztlich bleibt jede Moral ohne einen Gottesbezug ohne festen Grund und sinnlos. Man kann für sich selbst durchaus einen Sinn postulieren, wie es ein Atheist tun würde, bei näherer Betrachtung aber bleibt er haltlos und abhängig von der eigenen Stimmung und dem eigenen Ermessen.

II. Religiöse Ethik

Horizontale und Vertikale gehören zusammen

Es gibt viele plausible Indizienbeweise für eine Ethik, die nur von etwas Absolutem her erklärbar ist. Der Heilige Augustinus, den wir vorhin erwähnt haben, hat bei seiner Aussage über das Gute gar nicht an einen relativen Begriff gedacht, der ein Pendant zum Bösen ist. Er sprach von dem absoluten Gut, das bei ihm Gott ist. Gott ist das Summum Bonum. In der Religionsphilosophie gibt es eine relative und eine absolute Vorstellung vom Leben. In der relativen wäre ein Gutes abhängig vom Bösen. Das bedeutet: Nur, weil es das Böse gibt, kann es das Gute geben und nur, weil es das Gute gibt, kann es das Böse geben. Nimm von einem Schwarzweißfoto entweder das Weiß weg oder das Schwarz, so könnte man kein Bild erkennen. Entweder wäre das Bild nur weiß oder nur schwarz, aber es gäbe keine Konturen. Das Weiß braucht das Schwarz um ein Bild zu erschaffen. Und so argumentieren manche philosophische Schulen und behaupten, dass es im Leben das Böse geben müsse und dass es geradezu heilsnotwendig sei. Ohne Fleiß kein Preis, ohne Kraftanstrengung eines Bodybuilders keine Muskeln, ohne mühevolles Lernen keine Intelligenz, ohne Leid keine Freude. Wer könnte diesem Argument widersprechen?

So liest man bei Goethe: „Ich bin ein Teil von jener Kraft, die stets das Böse will und stets das Gute schafft". Und so entstehen manche esoterischen Behauptungen, dass man Böses tun darf und soll, damit daraus etwas Gutes entstehen kann. Diese Lehren gehen soweit, dass man Gut und Böse umkehrt, weil es egal sei, was man tut oder sogar verehrt.

Hier, in der Zuspitzung dieser Lehre, wird deutlich, wie hinterhältig diese Idee ist. Mit einem scheinbar logischen Argument, wird die gesamte Ethik und die gesamte Religion auf den Kopf gestellt. Hier wird aber auch deutlich, dass diese Vorstellung auf einer Lüge aufgebaut ist. Denn Böses tun, um etwas Gutes zu erlangen, ist so ziemlich das Perverseste (im wörtlichen Sinn), was es gibt. So weit kann es kommen, wenn man nur in einer relativen Welt gedanklich beheimatet ist! Eine relative Weltanschauung ist nur horizontal ausgerichtet. Sie ist linear und zweidimensional.

Es muss unbedingt eine Vertikale in das Denken der Philosophie eingefügt werden, um ein ganzheitliches Bild von der Wahrheit zu erlangen! **Es gibt das Gute, das außerhalb bzw. oberhalb eines relativen Guten steht.**

Das hat der Philosoph Platon schon erkennen dürfen. Er nannte dies die „Idee des Guten", die jenseits der beschränkten Welt, wie wir sie kennen, als ewig existiert. Es ist das absolut Gute, in den Religionen auch als göttliche Eigenschaft bezeichnet, wenn nicht sogar als Gott selbst. Gott gilt ja als das Summum Bonum.

Diese Welt, in der wir seit dem biblisch angenommenen Sündenfall leben, ist eine dualistische. Hier gibt es gut und böse. Hier ist ein Ort, in dem der Mensch sich bewähren muss. Er muss wählen zwischen den beiden Extremen. Anders ausgedrückt: Er muss sich entwickeln zu einem Ziel hin. Welches Ziel? Das Ziel ist der Ort, aus dem er einst ausgestoßen wurde. Selbst wenn man nicht an den biblischen Bericht von der Vertreibung aus dem Paradies glaubt, muss man doch sehen, dass jede

Religion diesen Gedanken mehr oder weniger in ihrer Lehre hat. Jede Religion hat zum Ziel, die verlorene Vollkommenheit wiederzuerlangen. Dieses Ziel aber liegt auf einer anderen Dimension. Wir denken immer, die Realität, die wir kennen, sei die einzig wahre. Aber das stimmt nicht. Die Realität, die wir kennen, ist bedingt durch unsere eingeschränkte Sichtweise. Und die ist dualistisch und erkennt nur eine enge Wirklichkeit.

Das Wort „Wirklichkeit" zeigt, dass die Welt, in der wir leben, von uns erschaffen wurde (gewirkt). Unser Tun erzeugt die Welt, in der wir leben. Die Welt ist unendlich vielfältig und je nach unserer Handlung tun sich andere Welten (Dimensionen) auf. Die ursprünglich vollkommene Welt (Paradies) wurde von unseren Handlungen und Gesinnungen (Sünden) in eine andere Welt verwandelt. Um zu dem ursprünglichen reinen Land zu gelangen, müssen wir uns bewusst machen, dass dies unser Ziel ist. Um dieses zu ver-wirklichen, muss unsre Gesinnung rein sein und daraus bedingt, auch unser Tun. Wie wir aus der Musik wissen, erzeugt eine Schwingung Resonanz und ähnlich gestimmte Instrumente beginnen in dieser mitzuschwingen. Um eine bestimmte Wirk-lichkeit zu erzeugen, muss man also in Resonanz zu dieser treten. Wie erreicht man das? Indem man sich auf dieses Ziel hin konzentriert. Oder religiös gesprochen: Indem man den Gott dieser vollkommenen Realität anbetet und sich ihm öffnet.

Religiöse Ethik kann nur vom Ziel her begründet werden

Wer nicht weiß, wohin er will und was sein Ziel ist, kann nicht konkret handeln. Wer das Ziel hat, ein guter Sportler zu sein, der richtet sein Handeln danach aus. Wer das Ziel hat, ein guter KFZ-Mechaniker zu sein, der wird sein Lernen und Handeln so gestalten, dass er alles von Fahrzeugen lernt und wird in der Werkstatt selbst Hand anlegen. Einer, der Bäcker werden will, wird viel Zeit in der Backstube verbringen, damit er gutes Brot backen kann. So muss jedes Handeln dem Ziel entsprechen. Wenn wir nach einer religiösen Ethik fragen, müssen wir uns auch über unser Ziel im Klaren sein. Was will ein Christ erreichen? Was ist sein Ziel, seine Botschaft, seine Weltanschauung? Erst wenn das klar ist, kann man von christlicher Ethik sprechen. Sonst bleibt jede Antwort banal. Wir sollen gutes tun – warum? Wir sollen zur Kirche gehen – warum? Wir sollen beten – warum? Wir sollen die Gebote Gottes halten – warum? Wir sollen eine Ethik haben – warum? Wozu brauchen wir irgendwelche Vorschriften? Das Leben wäre doch (scheinbar) viel einfacher ohne Verbote und Gebote! Warum tun wir uns das an? Wäre nicht alles viel einfacher, wenn wir wie die Tiere lebten und nur leben, ohne immer über alles nachzugrübeln? Warum sollen wir so ein Buch lesen wie dieses? Was soll das alles?

An den Beispielen oben können wir verstehen, warum eine Handlungsanweisung notwendig ist. Ein Sportler hat den Vorteil, dass er weiß, was er erreichen möchte. Leider wissen die meisten Menschen nicht, warum sie leben und was ihr Ziel ist. Deshalb leben sie in den Tag hinein und begnügen sich mit Banalitäten. Und deshalb suchen sie sich naheliegende Ziele, die ihnen ein wenig Glück versprechen und ihnen die Zeit vertreiben. Würde das wegfallen, hätten sie keine Unterhaltung mehr und - Nomen est Omen - sie verlieren ihren Grund und nichts hält sie mehr. Oft endet solch ein Leben in einer Sucht. Auch hier ist das Wort sehr verräterisch: Eine Sucht entsteht, wenn man etwas sucht (und nicht findet). Was ist das Ziel des Lebens? Wir haben es oben bereits definiert als absolutes Ziel, nämlich das Leben in der Gemeinschaft Gottes. Dennoch gibt es viele Ziele im Leben. Jeder hat andere Interessen und Hobbys. Aber eines ist allen Lebensplanungen gemeinsam: Alle sollen Spaß machen oder besser, Glück bringen. Es gibt verschiedene Ebenen des Glücks. Die höchste Ebene des Glücks ist die Wiedererlangung des „Paradieses".

Die Ebenen des Glücks

Wer anerkennt, dass bestimmte Handlungen glücklich und zufrieden machen und Spaß bringen, und andere Handlungen Unzufriedenheit bringen oder schlechte Laune machen, der gesteht ein, dass unser Tun etwas bewirkt. Der gesteht auch ein, dass es in uns eine Instanz gibt, die uns korrigiert, indem sie uns zeigt, wo der Lebensweg lang geht. Diese „Instanz" ist in uns eingeprägt, es sind Archetypen, wie C.G. Jung sie genannt hat. Zwar kann eine Erziehung bis zu einem gewissen Grad darauf Einfluss nehmen (s. „Eltern-Ich"), aber der tiefere Grund im Menschen weiß, was gut und böse ist, oder anders ausgedrückt: Er weiß, was Glück und Unglück ist. Unser Gefühl zeigt uns: Gut ist, was glücklich macht, schlecht ist, was unglücklich macht.

Nun könnte man sagen, was dem einen Freude bereitet, muss einem anderen noch lange nicht Freude bescheren. Das ist richtig. Um diesen Sachverhalt zu verstehen, muss man sich vergegenwärtigen, welche Kategorien es vom Glück gibt.

Die erste Ebene des Glücks (tierisches Glück):
Es gibt ein Glück, dass schnell zu erreichen und von kurzer Dauer ist und schnell wieder unzufrieden macht. Dazu gehören alle Arten von Lüsten, Leidenschaften und Süchte. Jede Art von Lust ist zeitlich begrenzt. Jede Leidenschaft bringt, wie der Name verrät, Leiden. Und jede Sucht zeigt an, dass sie Lückenbüßer ist für etwas, das man sucht. All das kann uns eine Zeit lang „befriedigen". Es ist aber sowohl zeitlich als auch qualitativ begrenzt und oberflächlich. Diese Arten von

Glück sind körperbezogen. Man könnte dieses Glück auch als „Tierisches Glück" bezeichnen. Denn es ist deckungsgleich mit ihren Bedürfnissen. Es besteht aus dem Glück der Nahrungsaufnahme (gutes Essen, gute Getränke), dem Glück der Behausung (schönes Haus, Garten, etc.), dem Glück der Fortpflanzung und Gemeinschaft (Sex, Liebe, Freundschaft), dem Glück des Besitzens (Auto, Luxus, Reichtum). Die Mehrzahl der Menschen kennen nur diese Ziele. Die Bibel bezeichnet diese Einstellung als „fleischlich gesinnt sein" (1.Kor. 3,3).

Die zweite Ebene des Glücks (geistiges Glück):
Dann gibt es ein Glück, das geistiger Art ist. Hierzu gehören die Geisteswissenschaften, wie z.b. Psychologie, Philosophie und Theologie.
Ein Mensch, der sich mit geistigen Dingen beschäftigt, braucht wenig äußere Betätigung. Sein Glück hängt z.b. an Büchern oder Erforschung unbekannter Weisheiten. Obwohl diese Kategorie länger anhaltend ist als das körperliche Glück, muss man auch hier von zeitlich begrenzten Glücksmomenten sprechen. Denn, in dem Moment, wo es nichts mehr zu entdecken gibt, gerät der Mensch ebenfalls in eine Sinnkrise. So lange wie die geistige Tätigkeit anhielt, war Glück da. Aber danach nicht mehr. Im Grunde sucht also jeder Mensch nach einem Glück, das ewig anhält und in keiner Weise begrenzt ist.

Die dritte Ebene des Glücks (spirituelles Glück):
Diese Art von Glück könnte man als auf Gott bezogenes Glück bezeichnen. Dieses ist in sich ruhend und unabhängig von äußeren Einflüssen. Es ist autonom und

unbedingt. Denn es hängt nicht an den „Dingen". Jedes Glück, das an Dingen oder Personen hängt, muss als unvollkommen bezeichnet werden. Die unsterbliche Seele ist der Teil von uns, der sich am ehesten mit Gott verbinden kann. Denn sie ist es, die nach dem Tod zu Gott gezogen wird. Sie ist ihm am ähnlichsten. Im Bild gesprochen, ist sie der leichteste Teil des Menschen. „Fleisch" ist schwer, „Geist" und „Seele" sind am leichtesten (Seele und Geist sind im Prinzip eine untrennbare Einheit). Gebet kann sie schon zu Gott erheben. Es gibt Heilige, die haben eine so starke geistige Gesinnung,, dass sie zu schweben beginnen. So war es bei Josef von Copertino, Pater Pio und manchen anderen. Wir suchen also nach dem Vollkommenen, dem Absoluten, dem Vertikalen, das in das horizontale und zweidimensionale Leben eintreten will. Wie erlangt man es?

Im Gegensatz zu oben genannten Glücksmomenten, die ein schnelles freudiges Erlebnis versprechen, hat man es hier mit einem Glück zu tun, das aufwendig und mühevoll zu erreichen, dafür aber sehr lange und ewig anhaltend ist.

Stufen der religiösen Ethik

Um zu dem absoluten Glück zu gelangen, wollen wir anschauen, welche Handlungen dafür nötig sind. Noch einmal zur Erinnerung: Glücklich machen uns Handlungen, die man für sich selbst tut. Das ist die unterste Stufe des Glücks. Die höhere Stufe ist die, wenn ich mein Glück mit anderen teilen kann. Auch erfüllt es uns mit Freude, wenn man jemandem helfen kann. Die höchste Form von Glück ist es allerdings, Gott zu erleben.
Nun wird man nicht sofort merken, dass uns der Weg dorthin glücklich macht. Wenn Gott uns auffordert, etwas für sich, den Nächsten und für Gott zu tun, dann mag uns das erstgenannte Gebot noch einleuchten, bei dem Gebot, dem Nächsten etwas Gutes zu tun, schon weniger. Bei dem Letztgenannten allerdings wissen die meisten schon nicht, wie sie das anstellen sollen. Wir wollen das näher betrachten.

Die Stufen einer Religiösen Ethik, vom Negativen angefangen, sind:

1. Ich handele nur nach dem, was (vermeintlich) gut für mich ist und schade anderen damit. (Töten, Rauben, Stehlen, etc.), [**Verbrechen**].
2. Ich handele nur nach dem, was gut für mich ist, ohne anderen zu schaden [**Egoismus**].
3. Ich handele nach dem, was gut für mich ist und tue ab und zu was für andere (spenden, aushelfen, etc.). [**Erweiterter Egoismus**].
4. Ich tue etwas für andere, ohne an mein Vorteil zu denken [**Altruismus**].

Die meisten denken, hier wäre die höchste Stufe der Religion erreicht, weil vermeintlich angenommen wird, dass Religion nur ein anderes Wort für Nächstenliebe sei. Sie denken z.b. an Mutter Theresa und meinen, ihre Handlungen seien nur auf den Mitmenschen gerichtet. Aber das stimmt nicht. Ihre Selbstlosigkeit ist nur eine Frucht ihres Glaubens. Woher soll sie die Kraft haben für andere zu leben? Nein, die Nächstenliebe ist nicht die höchste Tugend. Niemand hat Kraft aus sich selbst, sich für andere aufzuopfern. Mutter Theresa war eine Nonne. Sie hat ein gläubiges und gottverbundenes Leben geführt. Wir sehen also, dass für das Gebot der Nächstenliebe ein anderes Gebot vonnöten ist: Die Gottesliebe.

So folgt auf der Stufenleiter der Religiösen Ethik das Handeln für Gott.

5. Ich fange an, mich für Gott zu interessieren. Ich lese über ihn viel. Ich beginne zu begreifen, dass es mehr gibt zwischen Himmel und Erde, als was man sehen kann [**geistiges Glück**].
6. Ich praktiziere meinen Glauben, indem ich Gottesdienste besuche und ein Gebetsleben führe und erfahre immer mehr, dass Gott real ist [**Praktizierter Glaube**].
7. Ich beginne, Gott zu lieben. Mein Gebetsleben lässt mich ab und zu das Wesen Gottes als Liebe erkennen und manchmal erlebe ich auch eine Gottverbundenheit [**Mystik**].
8. Die vollkommenste ethische „Handlung" und das Ziel von allem, ist die Vereinigung mit Gott. Gott hat mich ganz durchdrungen. Im Grunde

kann man hier nicht mehr von einer Handlung sprechen, denn der Mensch ist hier ganz von Gott eingenommen und erfährt alles Geschehen als Gnade. Gottes Liebe und sein Licht sind hier im Menschen „inkarniert". In dieser höchsten Stufe sind wir Christus ähnlich geworden (Röm.8,29) [**Vollkommene Mystik**].

9. Im Grunde müsste man noch ein weiteres Ziel anfügen: Die absolute Glückseligkeit im Reich Gottes. Diese wird aber erst erreicht sein, wenn wir den Ort der Verbannung, nämlich diese materielle und unvollkommene Welt wieder verlassen und in Gottes Welt zurückkehren, von der wir einst verstoßen wurden. [**Wiederhergestelltes Reich Gottes**].

Den oben beschriebene Tugendkatalog können wir als Gebote Gottes betrachten. Wir können aber auch eine Stufenleiter des Glücks erkennen. Das oberste Glück des Menschen ist die Wiedergewinnung der Vereinigung mit Gott, welches das verlorene Paradies darstellt. Hier sind wir Christus ähnlich geworden. Man muss zugeben, dass dieses oberste Ziel eines religiösen Lebens von den allermeisten Menschen nicht erreicht wird. Die Stufe 7 wird von manchen noch erreicht, entweder als Mönch oder Nonne, die in einer Ordensgemeinschaft leben, aber auch als Laie, als berufstätiger Familienvater oder Mutter.

Die meisten Religionen der Menschheit betonen, dass es nicht möglich ist, in Unvollkommenheit zu Gott zu gelangen. Also, wenn nicht die oberste Stufe (8) erreicht ist, kann man nicht ins jenseitige Reich Gottes eingehen nach dem Leben. Sie sagen, dass man solange in dieses irdische Leben zurückkommen muss, bis das endgültige Ziel erreicht ist. Das nennt man Reinkarnation. Nun ist es tatsächlich so, dass in Gottes Reich kein Unwürdiger einziehen kann. Das will das Gleichnis vom Hochzeitsmahl zeigen (Mt.22,11.12). Jedoch spricht das Neue Testament eine andere Sprache. Es verkündet in seiner frohen Botschaft (Evangelium), dass Gott nicht so lange auf uns warten möchte, dass durch Jesus Christus unsere Unvollkommenheit kein Hindernis ist, zu Gott in sein Reich zurückzukommen. Es sagt: Wer sich taufen lässt auf den Namen des Vaters, des Sohnes und des Heiligen Geistes, wer sein Leben Gott übergibt und wer sich bemüht, Jesus nachzufolgen, der soll errettet werden.

III. Christliche Ethik

Trinitarische und universale Ethik

Nach dem bisher Gesagten, muss man festhalten, dass alle Überlegungen einer religiösen Ethik den Grundgedanken enthalten, dass er geprägt ist von einer Dreifaltigkeit (Trinität). Wir sprachen von Körper, Geist und Seele; wir sprachen von tierischem, von geistigem und von seelischem Verhalten. Und wir sprachen von Horizontalität (Gegenseitige Abhängigkeit der Gegensätze) und Vertikalität (Das Absolute). Es ist dies die Vorstellung, dass das Leben mehrdimensional ist. Oder anders ausgedrückt: **Alle Lebewesen unterstehen verschiedenen Naturgesetzen.** (vgl. hierzu den 1. Brief des Paulus an die Korinther, Kp.15, Verse 38f.). Die unterste Lebensform einer Amöbe ist anders als die eines Insektes; der Lebensbereich einer Pflanze ist ein anderer als die eines Tieres. Die Natur des Menschen ist anders als die eines Geistwesens (z.B. Engel). Die Natur eines Engels ist anders als die Natur Gottes. Darüber gibt es nichts mehr. Aber unterhalb unendlich vieles. **Jedes Lebewesen in der Mannigfaltigkeit des Universums untersteht einer anderen Dimension des Erkennens und des Handelns. Für jede Existenzform gibt es sozusagen eine andere „Ethik".** Eine höhere Lebensform ist naturgemäß von den unteren nicht zu erkennen. Dennoch unterstehen sie ihren Gesetzmäßigkeiten und leben darin. Würden sie außerhalb ihrer Bestimmung leben, oder versuchen, davon auszubrechen, so würde für sie Leid entstehen (wenn ein Tier beispielsweise wie ein Mensch leben muss, lebt es nicht seiner Natur gemäß und leidet). Was für diese Wesen gilt, gilt ebenso für den Menschen. Auch er untersteht einem ihm entsprechenden Naturgesetz. Bricht er davon aus, so entsteht für ihn eine lebensbedrohliche und leidvolle Situation. Deshalb ist es enorm wichtig zu wissen, welches die richtige Lebensform des Menschen ist. Deshalb ist Ethik für ihn so wichtig und lebenserhaltend.

Es gibt einen Plan (als Grundlage der Ethik) innerhalb des Universums für jede Lebensform, von der kleinsten bis zur höchsten. Diesen Plan gilt es zu entdecken! Planlosigkeit führt zu Unordnung, Chaos und somit zu Leid. Und entdecken können wir den inneren Lebensplan nur, wenn uns bewusst ist, dass das Leben mehrdimensional ist, wenn uns bewusst ist, dass wir sowohl **geistige** als auch **seelische** sowie **körperliche Wesen** sind.

Der Mensch als biologisches (weltliches) Wesen hat Anteil an allen ihm gegenüber niederen Lebensformen. Deshalb kann er, wenn er weltlich gesinnt ist, wie ein Tier leben. Aber wohl jeder Mensch kennt das Gefühl, dass es da mehr gibt, als was man vordergründig sehen kann. Dieses Gespür verweist auf das Vorhandensein höherer Daseinsbereiche. Der Mensch ist eben nicht nur ein biologisches , sondern auch ein geistiges Wesen.

Die moderne (nicht religiöse) Ethik versteht sich als säkulare Ethik. Sie geht davon aus, dass der Mensch nichts anderes ist als ein Tier. Demzufolge ist ihr Credo: „Genieße das Leben (dieses sichtbare); tue alles, was dir Spaß macht, lebe alle deine Triebe aus - denn morgen bist du tot". Dieses säkulare „Glaubensbekenntnis" wird den Kindern bereits im Kindergarten vermittelt. Hier sei nur an die Frühsexualisierung im Vorschulalter erinnert, die darauf abzielt, den Kindern alle Abarten der Lustbefriedigung zu vermitteln.

Da, wo es im Weltbild nur dieses sichtbare Leben gibt, da muss natürlich die oberste ethische Maxime sein: Lebe dieses eine Leben so, dass du alles mitnimmst, was dir dieses Leben zu bieten hat: Maximaler Lustgewinn, Reichtum, Macht und Egoismus. Wer sich gern beklagt über unsere „Ellenbogengesellschaft", der möge daran erinnert sein, dass die moderne (nichtchristliche) Ethik eben nur einseitig ist; einseitig, weil sie nur dieses materielle (tierische) Leben sehen kann, nicht aber die höheren Lebensformen, die geistiger Art sind.

Wie wir gleich sehen werden, ist die christliche Ethik sowohl auf körperliche, als auch auf seelische und geistige Lebensbereiche ausgerichtet. Auf Gott, den Nächsten und sich selbst. Sie entspricht damit dem kirchlichen Glauben der Trinität von Gott Vater, Gott Sohn und Gott Heiligem Geist. „Gott Vater" symbolisiert in der Ethik das Ausgerichtetsein auf das Absolute, „Gott Sohn" auf das des Nächsten und „Gott Heiliger Geist" auf das der persönlichen Seele.

Christus als Vorbild der christlichen Ethik

Die christliche Ethik baut auf der religiösen Ethik auf, hat aber zum Vorbild Jesus Christus. Wenn er das Vorbild der Christen sein soll, dann muss man wissen, wer er war, wie er gelebt und was er geglaubt hat. Manche meinen, Christus kann gar kein Vorbild für uns sein, weil er ja göttlichen Ursprungs war. Wir Menschen sind es nicht. Wir können also nicht leben wie er. Diese Meinung vertrat Jesus aber nicht ganz. Er sagte zwar: „Ich (Jesus) bin das Licht der Welt" (Joh.8,12). Aber er sagte auch: „Ihr (meine Jünger) seid das Licht der Welt" (Mt.5,14). Und er sagte, dass wir nach seiner Himmelfahrt noch größere Dinge tun werden als er (Joh.14,12). Er bot sich also den Jüngern (natürlich ist bei dieser Begrifflichkeit die Jüngerin mitgemeint) und ebenso uns heute als Vorbild an. An ihm sollen wir lernen.

Es führt aber in die Irre, wenn wir bei der Frage nach einer christlichen Ethik an einen Tugendkatalog denken.

Einen Tugendkatalog hatten die Pharisäer, also diejenigen, mit denen Jesus am härtesten ins Gericht gegangen ist. Auch die katholische Kirche steht in der Gefahr mit ihrer Vorstellung von „lässlichen Sünden" und „Todsünden" so verstanden zu werden. Es geht aber nicht darum.

Es geht um Heiligkeit (Vereinigung mit Gott). Das ist der zentrale Ausgangspunkt der christlichen Ethik.

Die zentrale Verkündigung Jesu war das Reich Gottes. Für ihn war das aber nicht nur ein zukünftiges Reich, sondern er betrachtete es als schon „mitten unter uns". Wenn er im Vaterunsergebet von der Bitte des

Kommens vom Reiche Gottes spricht, meint er die Vergegenwärtigung von Gottes Nähe. Die christliche Ethik ist keine gesetzliche. Denn jede Bemühung des Menschen, gut sein zu wollen, ist zum Scheitern verurteilt, wenn er dies aus eigener Kraft versucht. (Im Buddhismus und Hinduismus zum Beispiel, hat man das auch erkannt und spricht davon, dass man viele tausend Male wiederverkörpert werden muss, bis man es aus eigener Kraft schaffen könnte).

Im Gleichnis von der Rebe am Weinstock will Jesus es uns verdeutlichen: „Ich bin der Weinstock, ihr seid die Reben. Wer in mir bleibt und ich in ihm, der bringt viel Frucht; denn ohne mich könnt ihr nichts tun" (Joh.15,5). Das Befolgen der Gebote, also das rechte Handeln, versteht Jesus – wenn man den theologischen Terminus Technicus verwenden möchte – als Mystik. Im Klartext bedeutet das, dass der Mensch ohne die göttliche Kraft die Gebote sehr ungern oder sehr schlecht oder garnicht befolgen kann.

Die Lehre Jesu war vom Gedanken bestimmt, dass das Reich Gottes nahe ist. Dabei dachte er an zwei Szenarien. Die erste Erfüllung jenes Reiches sollte sofort nach seiner Himmelfahrt geschehen, in der Herabkunft des Heiligen Geistes, als Gründung seiner Kirche. Die zweite sah er in der Zukunft, bei der gesamten Neuschöpfung der Welt. Wer das nicht klar unterscheidet, versteht seine Lehre nicht. Durch die Gabe des Heiligen Geistes wurden seine Jünger mit der übernatürlichen Vollmacht Gottes ausgestattet. Auch hier wird in der gegenwärtigen Theologie vieles falsch verstanden. Der Heilige Geist ergeht an die Jünger Jesu, aber nicht an die Allgemeinheit. Noch nicht mal an alle Gläubigen, also nicht an die, die den Glauben als ein

„Nichtwissen" oder ein „Fürwahrhalten" verstehen und schon gar nicht an die, die nur Kirchensteuer zahlen und sonst nichts mit Kirche zu tun haben. Sondern an die, die ihr Leben ganz Gott geweiht haben (ihr Leben Gott übergeben haben) und ein tägliches Gebetsleben führen. Natürlich ist das nicht auf Ordensleute beschränkt, sondern betrifft jeden Gläubigen. Die Misere der modernen westlichen Kirche besteht darin, dass sie demokratisch strukturiert ist. Jeder, der Kirchensteuer bezahlt, also ein eingetragenes Mitglied des „Vereins" Kirche ist, darf mitbestimmen, egal welches Leben er führt, egal, ob er den Heiligen Geist hat oder nicht. Egal, ob er die Bibel kennt, Theologie studiert hat oder nicht. Und so musste geschehen, was geschehen ist: Die Kirche wurde zu einer Landeskirche und wurde politisch. Sie verlor ihr geistiges übernatürliches Fundament. Sie wurde ein eingetragener Verein mit demokratischen, politikähnlichen Strukturen. **Wo Demokratie ist, da ist Herrschaft des Volkes, also der Menschen. Kirche darf aber nur unter der Herrschaft Gottes stehen!** Wem das zu abstrakt klingt, dem sei es anders gesagt: Das Handeln der Kirche muss vom Wort Gottes ausgehen. In der Bibel wissen wir vom Willen Gottes. Sehr viel ist von diesem Wort Gottes zerstört worden durch die „moderne" Theologie, welche von der Meinung, dass Zweifel die höchste Tugend sei, beherrscht wird. Bei der Frage nach der christlichen Ethik ist das Fundament Bibel sehr wichtig. Denn eine solche fragt nicht zuerst, wie ich in der Welt richtig handeln muss, sondern danach: Wie erlange ich die Gemeinschaft mit Gott? **Christliche Ethik ist eine spirituelle Ethik.**

Bevor Jesus gehandelt hat, ging er in die Wüste vierzig Tage lang, fastete und betete. Er suchte die Nähe Gottes und wollte sich von ihm für seine große Aufgabe zurüsten lassen. Alle Propheten taten es so. Jeder, der den Mund auftat und eine Botschaft für die Welt hatte, war zuvor durch die Gegenwart Gottes erbaut und geläutert worden. Heute plappert jeder und jeder will die „Welt verbessern" ohne Sinn und Verstand. Soll die Welt so handeln! Aber nicht der Christ!

Das Gottesverständnis Jesu

Gott ist für Jesus zunächst der Gott des Alten Testamentes. Jesu „Bibel" war das, was wir heute Altes Testament nennen. Damals war es noch nicht „alt", weil es das neue noch nicht gab, das erst durch Jesus entstanden ist. Sein Heiliges Buch war der Tanach, bestehend aus Tora (Weisung), Neviim (Propheten) und Ketuvim (Schriften).
Darin wird Gott beschrieben als Schöpfer des Weltalls (Himmel und Erde), als ein Gott der Geschichte (Gott Abrahams, Isaaks und Jakobs), als ein Gott des Gesetzes (die 10 Gebote und weitere Verhaltensregeln), als ein Gott, der sich offenbart (den Propheten), als Gott Israels (er hat Israel in besonderer Weise berufen [natürlich ist er zugleich der Gott der ganzen Welt]), als Gott des Tempels (Priesterdienst), als gerechter Gott (der Bestrafung und Belohnung), aber auch als mitfühlender Gott (er liebt und kann sich ereifern, er kann Reue empfinden, kann mitleiden und sich erbarmen). Darüber hinaus gibt es viele Attribute

Gottes. Er ist z.B. König der Welt und Heerführer, wird aber auch als Vater angesehen (Ps.103,13), wenn auch selten und nur als Vergleich, nicht als Bezeichnung, wie es bei Jesus der Fall war.

Für uns Heutige mutet das Gottesbild des Alten Testamentes oft befremdlich an. So wie wir Jesus verstanden zu haben glauben, reden wir vom „Lieben Gott", so als ob wir von einem alten gütigen Väterchen reden, der in den Wolken sitzend, nicht mehr viel zu sagen hat. Er vergibt alles, er verzeiht alles, er sieht über alles hinweg und wie wir im Karnevalslied singen, glauben wir: „Wir kommen alle, alle, alle in den Himmel, weil wir so lieb sind, weil wir so brav sind...".

Von einem gerechten Gott reden wir fast gar nicht mehr. Wie sollte ein liebender Gott irgend jemanden nicht in den Himmel zu sich nehmen wollen? Vielleicht kommt es vor, dass mancher noch von einem gerechten Gott im Himmel spricht, was aber heutzutage gar nicht mehr gedacht werden darf, ist die Annahme, dass Gott auch hier auf Erden gerecht handelt.

Denn wie kann ein liebender Gott Kriege zulassen, wie Krankheit, Elend, Armut, Naturkatastrophen? Wieso straft Gott, wenn seine Haupteigenschaft die Liebe sein soll? Das können die meisten nicht verstehen.

Der Gott des Alten Testamentes ist ein gerechter Gott. Jeder, der die Gebote nicht einhält, muss eine Strafe erhalten. Uns scheint dieser Gedanke sehr fremd. So einen Gott wollen wir nicht akzeptieren.

Erstaunlich allerdings ist, dass dieselben Leute, die Probleme mit diesem Gott haben, den Gedanken von Ursache und Wirkung durchaus akzeptieren. Sowohl in der Wissenschaft als auch in der Philosophie kennt man dieses Prinzip. Keine Wirkung ohne Ursache. In der

Esoterik kennt man diesen Gedanken auch sehr gut. Man nennt ihn Karma. Man sagt dort, dass jede Tat eine Folge hat, eine Auswirkung. Eine gute Tat wird Gutes zur Folge haben, eine böse Tat etwas Ungutes. Diesen Gedanken akzeptiert man als Naturgesetz und niemand hadert gegen dieses Gesetz. Man nimmt es so, wie es ist. Sobald man aber Gott ins Spiel bringt, und sagt, dass Gott dieses Naturgesetz verkörpert, rebelliert man dagegen.

Im Alten Testament ist Gott ein Gott, der das Leben verkörpert. Gott ist das Leben. Er ist nicht von ihm getrennt.

Wenn also Gott das Leben (also die Natur) ist, dann sind es auch die Gesetze der Natur. Die Naturgesetze sind Gottes Gesetze.

Hier ist eine Anmerkung vonnöten: Gott *ist* zwar die Natur, so wie er alles und in allem ist. Aber Gottes Natur ist mit der Natur des Planeten Erde nicht deckungsgleich.

Seine Natur ist eine höhere. Aber unsere Natur ist darin eingeschlossen!

Die Natur unseres Lebens hat eine andere Eigenschaft als die Natur der geistigen Welt, welche als Reich Gottes oder als „Himmel" bezeichnet wird. Die Natur des Lebens nach der Vertreibung aus dem Paradies ist eine, die von den Kräften des Gut und Böse beherrscht werden, wenn man so will: Von den Kräften des Gesetzes. Es ist Wille Gottes, dass seine Gesetze uns erziehen, damit wir erkennen, was wir falsch machen. Eine zudeckende göttliche Liebe und voraussetzungslose immerwährende Vergebung wäre der Entwicklung des gefallenen Menschen nicht hilfreich.

Das Alte Testament denkt von Gott, dass er allmächtig ist. Er ist nicht nur im Himmel, sondern auch auf Erden. Die meisten Menschen von heute haben ein Gottesverständnis, dass Gott im Himmel sitzt und die Naturgesetze eine andere Sache seien. Beides sei verschieden. Konkret gesagt: Wenn hier etwas geschieht, z.b. eine Naturkatastrophe oder ein Krieg, dann hat das nichts mit Gott zu tun, sondern geschieht einfach so zufällig. Heute erscheint nichts mehr als sinnvoll, sondern als zufällig, als „einfach so". Dieses Denken ist nicht das Denken des Alten Testamentes. So gesehen, braucht man scheinbar auch den Begriff der Schuld nicht mehr. Wenn sowieso alles nur Zufall ist, dann hab ich ja nichts mehr damit zu tun. Ob ich krank werde, ein Unglück geschieht, im Staat etwas falsch läuft, und so weiter, ich bin aus dem Schneider, alles ist ja nur Zufall!

Nun widersprechen allerdings einige wissenschaftliche Forschungen dieser Annahme.

So weiß man beispielsweise in der Psychologie, dass eine Krankheit des Körpers nicht eben mal so ganz zufällig entsteht, sondern oftmals eine Folge der Psyche ist. So kann ein ungesundes Denken, z.B. eine falsche Weltanschauung, die vielleicht auf Hass aufgebaut ist, auch den Körper ungesund machen. Ein sorgenvolles Gemüt kann das Immunsystem schwächen und Krankheitserreger haben leichtes Spiel. Wo bleibt hier der Zufall?

Das gleiche gilt für Autounfälle. Manche Menschen „produzieren" geradezu Unfälle. Und manche fahren ihr Leben lang ohne solche Ereignisse. Alles nur Zufall? Auch hier weiß man mittlerweile, dass das Bewusstsein oder Unterbewusstsein eine große Rolle spielt.

Manche Menschen brechen sich alle Jahre irgend einen Knochen beim Sport, weil sie scheinbar unverschuldet gefoult wurden. Andere wiederum, die den gleichen Sport ausüben, haben nie etwas. Alles nur Zufall? Man weiß auch, dass eine falsche Politik zu Krieg führen kann. Diese falsche Politik ist auch kein Produkt des Zufalls! Sie basiert auf einem falschen Denken oder falschem Willen, der vielleicht von Gier nach Bodenschätzen gespeist wird.

Das Alte Testament kennt dieses Zusammenspiel von Denken und Handeln mit dem, was geschieht. In der Theologie spricht man vom „Tun–Ergehen–Zusammenhang".

Das bedeutet, dass jedes Tun und jedes Denken eine Wirkung hat. Ist doch klar: Keine Wirkung ohne Ursache.

Das ist sogar wissenschaftlich. Im Grunde wissen wir also, dass unser Denken und Tun eine bestimmte Folge hervorruft, dass dies eben kein Zufall ist. Alles, was geschieht, ist unsere „Schuld". Also unser falsches Verhalten gegen die Naturgesetze. Der einzige Unterschied zu dem biblischen Befund und unserer Wissenschaft ist die Vorstellung, dass dieses Naturgesetz Gott ist. Heute sagt vielleicht ein Arzt zu einem Patienten: „Du hast ein ungesundes Leben geführt, hast nie die Grenzen deines Körpers geachtet und unvernünftig gehandelt, deshalb bist du krank geworden". Damals hätte man gesagt: „Du hast die Gebote Gottes übertreten, deshalb bist du krank geworden". Die Aussage ist die selbe, nur dass man heute von Gesetzen der Natur spricht und damals von Gesetzen Gottes. Im Grunde ist es nur ein Wort, das anders ist, aber die Aussage ist die selbe.

Schickt nun Gott das Missgeschick, das uns ereignet? Nach all dem Gesagten, ist es der Mensch selbst, der sich so oder so verhält und dadurch ein Ereignis hervorruft. Man darf höchstens fragen: Warum hat Gott diese Gesetze so angeordnet? Aber das ist eine völlig andere Frage (wie wir oben gesehen haben, hat Gott die Gesetze zu unserer Erziehung gemacht). Zunächst bleibt festzuhalten, dass es keinen blinden Zufall gibt, sondern dass das, was uns zufällt, von uns verursacht worden ist. Es kommt nicht von Gott, sondern von uns. Aber es hat mit Gott zu tun, nämlich mit seinen Gesetzen. Wir rebellieren gern gegen Gottes Gebote, gegen seine Gesetze. Und moderne Theologen tun so, als wäre mit Jesus Christus das alles nicht mehr so wichtig. Sie glauben, er habe im Gegensatz zum Judentum den gerechten Gott abgeschafft und einen lieben Gott gepredigt. Aber stimmt das, wenn wir in die Bergpredigt schauen, die größte zusammenhängende Predigt Jesu in der Bibel?

In Kapitel 5,17-20 im Matthäusevangelium lesen wir: „Ihr sollt nicht meinen, dass ich gekommen bin, das Gesetz oder die Propheten aufzulösen, ich bin nicht gekommen aufzulösen, sondern zu erfüllen. Denn wahrlich ich sage euch, bis Himmel und Erde vergehen, wird nicht vergehen der kleinste Buchstabe noch ein Tüpfelchen vom Gesetz, bis es alles geschieht. Wer nun eines von meinen kleinsten Geboten auflöst und lehrt die Leute so, der wird der Kleinste heißen im Himmelreich. Wer es aber tut und lehrt, der wird groß heißen im Himmelreich. Denn ich sage euch, wenn eure Gerechtigkeit nicht besser ist als die der Schriftgelehrten und Pharisäer, so werdet ihr nicht in das Himmelreich kommen".

Die nachfolgenden Sätze Jesu in der Bergpredigt mildern Gottes Gebote auch nicht ab, sondern verstärken sie: Das Gebot des Nicht-Tötens beginnt bereits beim Gebot des Nicht-Zürnens, das Verbot des Ehebrechens beginnt bereits beim Begehren, das des falschen Schwörens bei der allgemeinen Wahrhaftigkeit, das Gerechtigkeitsgebot „Auge um Auge, Zahn um Zahn" soll radikalisiert werden zu einer Feindesliebe.

Die Naturgesetze sind durch Jesus nicht abgeschafft worden. Der gerechte Gott wurde von Jesus nicht ersetzt durch einen alles verzeihenden Gott.

Warum aber spricht man immer wieder davon, dass Jesus einen liebenden Gott gepredigt hat, im Gegensatz zu einem gerechten Gott? Man spricht davon, weil es tatsächlich so ist. Das scheint ein Widerspruch zu sein und scheinbar schwer zu verstehen. Aber wenn man weiß, dass die Wirklichkeit mehrere Ebenen besitzt, dann ist es in höchstem Grade logisch.

Man kann das so erklären: Gott ist Liebe, er vergibt, er liebt, er will alle Menschen wieder zu sich in seine Nähe führen. Das ist sein Wesen. Aber es ist etwas geschehen, was eine direkte liebende Handlung nicht möglich macht. Das, was geschehen ist, war die selbstverschuldete Entfernung des Menschen von Gott (Sündenfall).

Deshalb entspricht es der „Pädagogik Gottes", uns durch die Erfahrung mit unserem falschen Verhalten zu konfrontieren.

Die „Strafe" Gottes besteht also nicht darin, dass *Er* uns etwas Böses antut, sondern darin, dass *wir* uns selbst in die unangenehmsten Situationen bringen - durch das Missachten des Gesetzes, unter dem wir stehen. Aber auch, wenn wir es sind, die unser Schicksal bestimmen, alles hat auch mit Gott zu tun. Denn er ist ein allmächtiger und unbegrenzter Gott.

Noch einmal: Jesus kennt Gott als einen liebenden Gott. Er ist für ihn ein Vater. Ein strenger Vater, aber ein gerechter und liebender, einer, der nicht möchte, dass eines seiner Kinder verloren geht (siehe das Gleichnis vom verlorenen Sohn oder Schaf!).

Aber vor allem ist Gott ein allmächtiger Gott. Wenn also jemand allmächtig ist, ist er nicht begrenzt und kann alles tun. Er ist ein Gott ohne Grenzen. Manche Theologen begrenzen ihn und sagen: Gott ist so und so und kann nicht anders sein. Wenn er Licht ist, kann er nicht Dunkelheit sein; wenn er Liebe ist, kann er nicht Hass sein; wenn er der Größte ist, kann er nicht der Kleinste sein; wenn er Geist ist, kann er nicht Körper sein; wenn er im Himmel ist, kann er nicht auf Erden sein; wenn er Gott ist, kann er nicht Mensch sein; wenn er hier ist, kann er nicht dort sein; u.s.w.. Wer so denkt, der degradiert Gott als ein festgelegtes Naturgesetz. Gott ist niemals festgelegt, er ist absolute Freiheit. Er ist lebendig und persönlich.

Diese Überlegungen deuten bereits auf den trinitarischen Gott hin. Leider wird gern behauptet, die Trinität Gottes (Dreieinigkeit bzw. Dreifaltigkeit) ist eine Erfindung der Theologen späterer Zeit und das Alte Testament kenne diesen Gedanken nicht. Das ist aber nicht richtig. Wer Gott als unbegrenzt ansieht, der postuliert einen absoluten Monotheismus. Der Vorwurf, zum Beispiel von muslimischer Seite, der Christ würde drei Götter verehren, basiert auf einem Missverständnis. Ein absoluter Monotheismus (Gott ist einer) muss trinitarisch sein. Wo er es nicht ist, ist Gott ein Teilaspekt der Welt, aber nicht allumfassend. Er ist also dann nur ein Gegenüber von mir und außerhalb (wie bei den Moslems), aber nicht in mir. Oder er ist nur in mir (wie im Buddhismus), aber nicht Teil der Geschichte (wie im Judentum). Ein trinitarischer Gedanke umfasst aber alle diese Teilaspekte Gottes. Der Gott des Christen ist so allumfassend, dass er Gott ansieht sowohl als Gegenüber (als Schöpfer des Universums und als „Vater"), als auch als Teil der Geschichte (durch das Handeln und Eingreifen Gottes in die Welt und die Sendung Jesu Christi als sein „Sohn"), sowie als Teil von mir (Gott ist in mir als „Heiliger Geist"). „Vater, Sohn, Heiliger Geist" sind die Begriffe des dreifaltigen Gottes. **Es ist _ein_ Gott, der sich in allen Bereichen des Lebens entfaltet, der somit keine Einschränkung kennt.** Es ist der größte Irrtum der Theologie, dass sie Gott in Schranken setzt und ihn in ihr Weltbild zwängt. Das alttestamentliche Bilderverbot wendet sich gegen diese Vorstellung einer Einengung Gottes. Denn jedes Bild ist natürlich begrenzt und einengend, so wie jede Definition über Gott. Wie sollen wir uns ihm gegenüber verhalten nach Jesu Verständnis? Kommen wir nun zu seiner Ethik.

III.A. Die Dreifaltigkeit der Christlichen Ethik

1. Die Ethik gegenüber Gott

Das Dreifachgebot der Liebe, das Jesus gelehrt hat (Du sollst Gott lieben und deinen Nächsten wie dich selbst), entspricht der Trinität Gottes und bestimmt die christliche Ethik. Es gibt nicht viel Literatur über Ethik (abgesehen von päpstlichen Enzykliken). Und wenn man etwas findet in einem Buchgeschäft oder im Internet, dann nur als Leichtversion oder als Teilversion, bzw. als Einführung. Und fast alle diese Versionen sind nicht metaphysisch, bzw. religiös oder spirituell. Sie bieten Verhaltensregeln gegenüber Mensch, Natur, Tierreich oder Umwelt. Diese Ethik bleibt einseitig und relativ. Niemand kommt auf den Gedanken, dass es auch Regeln Gott gegenüber gibt. Das o.g. Dreifachgebot der Liebe, ist so strukturiert: **Bei Jesus steht über allen Verhaltensregeln Gott. Er wird zuerst genannt. Dann kommt der Nächste und zum Schluss komme ich. Diese Reihenfolge ist sehr wichtig. Sonst lässt sich die Ethik von Jesus Christus nicht verstehen und leben.** Die meisten christlichen Ethiken gehen den anderen Weg, also von unten, vom Menschen aus und dann kommt ganz zum Schluss Gott. Nicht so bei Jesus. Eine Verehrung Gottes ist dem Menschen von Natur aus eingegeben. Jeder hat die Neigung, etwas Höheres als er selbst ist, zu verehren. Selbst wenn es Götzen sind, also selbstgemachte Figuren oder Weltanschauungen, die verehrt oder angebetet werden. Wer denkt, die Menschen heute sind nicht mehr so, der denke nur mal

60

an ihre Maskottchen privater Natur oder die der Sportvereine (Ziegenbock vom 1. FC Köln, z.B.).

Was ist Ethik gegenüber Gott? Im Grunde ist die Religionsgeschichte voll mit Beispielen.

Man nennt diese Ethik „Gottesdienst".

Dieser kann gemeinschaftlich begangen werden in Kirchen. Er kann aber auch privat praktiziert werden zu Hause. Wie er konkret aussieht, ist nebensächlich. Wichtig ist die Hinwendung zu Gott. Sie kann symbolischen Charakter haben und sich ausdrücken in äußeren Handlungen (Kerzen entzünden, Gesang, gemeinschaftliches Gebet, Kniefall, u.s.w.). Sie kann aber auch inwendig sein, in einem persönlichen Gebet und Lesen der Heiligen Schrift.

Was ist der Sinn dieser Tätigkeit? Er besteht darin, seine Seele zu Gott zu erheben. Die Seele ist ja das Empfangsorgan für Gott. Sie muss kultiviert werden und ihre Speise ist die Energie Gottes. Darin merken wir, dass Gottesdienst zugleich eine Art Dienst für uns selbst ist.

Und der Dienst an Gott hat ein Ziel: Die Rückkehr zu ihm! Um dies aber zu ermöglichen, muss der Mensch verwandelt werden. Kein Wesen kann in sein Reich gelangen, wenn es nicht ausgerichtet ist auf dieses Ziel hin. Als Nikodemus, ein frommer Jude, eines Nachts zu Jesus kam, sagte Jesus zu ihm: „Du musst von neuem geboren werden, so wie du jetzt bist, kannst du nicht in das Reich Gottes gelangen" (Joh.3.3). Hier wird deutlich, dass es Voraussetzungen braucht, um – kindlich gesprochen – in den Himmel zu kommen. Die moderne Theologie leugnet oftmals die Möglichkeit einer Verlorenheit (die Unmöglichkeit, zu Gott zu kommen) und verkündigt eine „billige Gnade" (ein

Wort von Dietrich Bonhoeffer), die davon ausgeht, dass irgendwie jeder gerettet wird. Gott ist zwar gnädig, aber er fordert auch etwas, um zu dem Ziel der Gottesbegegnung zu gelangen.

Diese Forderung nennt man „Christliche Ethik". Die Frage dabei ist: „Was muss ich tun, um errettet zu werden?". (Errettung ist ein theologischer Begriff, der davon ausgeht, dass eine Welt der Gottesferne eine verlorene ist).

Wenn wir eines Tages unser irdisches Leben ablegen und vor Gott stehen, werden wir danach beurteilt werden, ob wir ein „hochzeitliches Kleid" tragen (Mt. 22.1ff). Damit ist unser geistiger Zustand gemeint. Wer zeitlebens sich nie um Gott geschert hat, wird auch nicht von ihm umgestaltet bzw. „bekleidet" werden.

Deshalb beinhaltet ein Dienst an Gott gleichzeitig die eigene Verwandlung. Das Ziel eines Gottesdienstes ist nicht die Zufriedenstellung eines Gottes, der erpicht darauf aus wäre, von anderen beweihräuchert zu werden. Gott hat nichts davon, wenn Menschen ihn verehren. Es geht vor allem um den Menschen selbst, der davon profitiert (kein schönes Wort; es klingt nach Geschäftemacherei, soll aber stehenbleiben, um den Sachverhalt deutlich zu machen). Jeder ernst gemeinte Gottesdienst ist eine Segenshandlung Gottes uns gegenüber. Jeder, der sich vor Gott innerlich öffnet, wird von seinem Geist erfüllt. Das ist nicht nur Sophisterei, sondern es ist eine spirituelle Wirklichkeit, die erfahrbar ist. Gottesdienst ist - wenn man es genau nimmt - Gottes Dienst an uns!

2. Die Ethik gegenüber dem Menschen (dem Nächsten)

Wer ist der Mensch?

Bevor wir vorhin über die Ethik gegenüber Gott gesprochen haben, war es nötig, sich klar zu machen, wie Jesus sich Gott vorgestellt hat. Bevor wir uns Gedanken über eine Ethik gegenüber dem Menschen machen, ist es deshalb auch wichtig zu wissen, wer der Mensch ist. Das hört sich im ersten Moment komisch an. Wir sind doch Menschen und es scheint doch klar zu sein, dass wir wissen, wer wir sind. Tun wir das aber? Wohl die meisten Menschen machen sich darüber keine Gedanken!

Also wer ist der Mensch? Rein biologisch ist er ein fleischliches Lebewesen, wie die Tiere auch. Die moderne Philosophie traut sich über diese Aussage hinaus, nichts über den Menschen mehr zu sagen. Wenn es hoch kommt, wird noch eingefügt, dass er gegenüber den Tieren zusätzlich vernunftbegabt ist. Der Mensch ist also ein vernunftbegabtes Tier. Diese Vernunft ist aber nach dieser Meinung ein Produkt des fleischlichen Gehirns. Also ist sie kein Bereich an sich, sondern ein Bereich der Materie. Manche Hirnforscher gehen sogar soweit, zu sagen, dass das Bewusstsein des Menschen im Grunde nur eine Illusion dieses Gehirns sei. Ist das Gehirn geschädigt oder zerstört, so sagen sie, gibt es kein Bewusstsein mehr. Und ist der Mensch gestorben, ist auch kein Denken und Fühlen mehr möglich. Denn alles hängt an diesem materiellen „Gerät". Eine Ethik, die auf Materie aufgebaut ist, muss also zwangsläufig anders ausfallen, als eine Ethik, die davon ausgeht, dass der Mensch mehr ist als nur Materie. Dass der Mensch mehr ist als Fleisch, bezeugen die Nahtoderfahrungen, über die es bereits viele veröffentlichte Berichte und Lektüren gibt. (In meinem Buch „Rückkehr des Geistes" habe ich das ausführlich dargelegt). Deshalb ist es nicht nötig, diese Berichte nochmals ausführlich zu beschreiben. Wir gehen davon aus, dass der Mensch neben seinem materiellen Sein, ebenfalls ein geistiges Sein ist und wollen uns im Folgenden diesem widmen. Der Mensch, wie er heute ist und immer war, ist seinem Wesen nach von dieser Dreieinigkeit von Geist, Seele und Leib bestimmt. Oft werden die Begriffe von Seele und Geist synonym verwendet oder gar verwechselt. Im Grunde ist das nicht so tragisch, denn beide gehen ineinander über und überschneiden sich. Der Grund liegt am Wesen des Geistes. Denn im geistigen Bereich gibt es andere „Naturgesetze" als im fleischlichen Bereich, weil dieser nicht so vielen Beschränkungen unterliegt. Dennoch wollen wir rein gedanklich die Seele vom Geist unterscheiden.

Wir wollen es so definieren: Die Seele ist ein Bindeglied zwischen Körper und Geist. Manche Lehrmeinungen sprechen von Geistseele und Körperseele. Obwohl man das nicht trennen kann, steckt in diesem Gedanken doch eine tiefe Wahrheit.

Ein Psychologe oder Psychiater behandelt die Seele eines Patienten. Manchmal sogar, obwohl dieser Arzt vielleicht noch nicht mal an das Vorhandensein einer Seele glauben mag. Egal! Ein Seelenarzt heutiger Ausprägung kann die Seele mit Medikamenten behandeln. Das bedeutet, dass die Seele ein Teil des Körpers ist. Denn wäre sie rein geistig, könnte kein Medikament der Welt sie beeinflussen. Dieser Teil der

Seele, der mit dem Körper verbunden ist, nennt man, wie gesagt, Körperseele; aber wir kennen diese auch unter der Bezeichnung „Psyche". Ein Seelenarzt ist also ein Psychiater, Psychologe oder Psychotherapeut. Diese Seele spielt bei der Behandlung einer Psychosomatik die entscheidende Rolle. Denn sie ist verbunden mit dem Soma (Körper). „Psycho - Soma" heißt „Seele - Körper". Ein Nervenarzt, wie er auch noch genannt wird, behandelt also den Teil der Seele, der mit den Nerven, bzw. dem Körper, verbunden ist, nämlich die „Körperseele" (= Psyche, griech.: Ψυχη).

Man könnte die Seele als geistiges Empfindungsorgan bezeichnen. Der Körper kann empfinden, das weiß jeder. Aber die Seele kann auch empfinden, das ist in der psychischen Behandlung ebenfalls bekannt. Die Seele kann, wie auch der Körper, Schmerzen erfahren – es gibt eine ganze Palette von solchen. Es gibt Schmerzen des unglücklich Verliebtseins, Schmerzen der Trauer, also solche der Beziehung zwischen den Menschen (auch den Tieren gegenüber). Aber es gibt auch seelische Schmerzen rein geistiger Art. Diese können auf das Leben an sich bezogen sein, bei vermeintlich unbegründeten Depressionen, z.B., wenn „alles sinnlos" zu sein scheint. Das Gleiche gilt selbstverständlich auch für Momente des Glücklichseins.

Dieses beschriebene geistige Empfindungsorgan ist nicht nur aktiv, wenn es mit einem lebenden Körper verbunden ist. Es ist auch noch aktiv, wenn der materielle Leib nicht mehr existiert. Das Fühlen von Freude und Freiheit, wenn die Seele den Körper verlässt, beweist das. Wäre der unsterbliche Geist des Menschen empfindungslos, dann wäre er nur ein im

Kosmos umherschweifender Gedanke. Viele Berichte von Menschen, die schon einmal rein physisch gestorben waren (auf dem Krankenhaus-Monitor erscheint eine „Flatline", da es keine körperlichen Reaktionen mehr gibt) berichten, dass sie nicht nur als geistiger Gedanke weiter existierten, sondern ein fühlendes Wesen waren und sogar mit einem geistigen Leib beschaffen waren; also einen Leib besaßen, der dem ursprünglichen Leib im Paradies zu entsprechen scheint. Die Ausführungen des Apostel Paulus über diesen Sachverhalt sind dabei sehr interessant (1.Kor.15,44). Die Seele ist also, so kann man abschließend sagen, das Teil im Menschen, das zusammen mit dem Körper empfinden kann.

Abschließend lässt sich also sagen, der Mensch ist ein trinitares Wesen, zusammengesetzt aus Geist, Seele und Leib. Diese Überlegungen sind von fundamentaler Wichtigkeit bei der Beurteilung dessen, was eine umfassende christlich Ethik ist.

Da wir hier aber hauptsächlich über das Verhalten sprechen wollen und nicht so sehr über Anthropologie, soll es bei dieser gerafften Beschreibung bleiben.

Wer sich aber selbst ein Bild machen möchte vom Menschen und sich die vielen verschiedenen Begriffe in der Bibel dazu anschaut und darüber hinaus auch noch theologische Kommentare durchliest, der wird sehr schnell den Eindruck gewinnen, dass dies schier unmöglich ist. Zum Ersten liefert die Lektüre viele Begriffe, die sich sehr überschneiden und je nach Situation auch noch synonym verwendet werden. So wechseln ständig die Begriffe „Seele" und „Geist", ohne genau zu definieren, wo genau der Unterschied liegt. Hinzu kommt noch der Begriff „Herz" (Καρδια).

Zwar ist damit durchaus das fleischliche Organ gemeint, aber ebenso das seelisch-geistige Empfindungsorgan. Auch wenn es noch verwirrender wird, sei gesagt, dass „Psyche" im griechischen Urtext des Neuen Testaments auch einfach als „Leben" übersetzt werden kann, also eine Art Energie darstellt.

Ebenso schwierig ist es bei der Vorstellung vom Körper als Soma und Sarx (Σωμα, Σαρξ), also bei „Leib" und „Fleisch". Während die Bezeichnung Leib den umfassenden Körper des Menschen meint (also Körper, Seele, Geist), so bezeichnet der Begriff Fleisch nur den materiellen Körper. Neben einer konkreten Vorstellung sind darüber hinaus damit auch Verhaltenseinstellungen beschrieben. Eine fleischliche Gesinnung bedeutet demnach unter anderem ein egoistisches, auf sich selbst bezogenes Verhalten.

Bei der Verwendung des Begriffes „Geist" kommt noch hinzu, dass einerseits der Verstand gemeint ist (Nous, griech. Νουσ), andererseits der menschliche Geist (Πνευμα) und außerdem der göttliche Geist (Αγιον Πνευμα), der mit dem Menschen in Kontakt treten kann. Darüber hinaus gibt es noch den Geist Gottes an sich, der mit dem hebräischen Begriff „Ruach" bezeichnet wird.

Der Grund dieser verschiedenen Begriffsverständnisse liegt darin, dass die Bibel keinen exakt wissenschaftlichen Bericht abliefern möchte, sondern je nach Situation jeweils andere Begriffe verwendet. Wir müssen uns auch klar machen, dass im Neuen Testament eine Vermischung zwischen hebräischem und griechischem Denken stattfindet. Die Schreiber der Evangelien und der Briefe denken hebräisch, weil ihre heilige Schrift damals das hebräische Alte Testament war und sie schreiben aber auf griechisch, weil das die damalige Weltsprache war. Hier trafen also zwei verschiedene Welterklärungen aufeinander: Einerseits die erzählerische Weise des Judentums, dem es nicht auf exakte Begriffe ankam, sondern um bilderreiche Geschichten, die man sich am Lagerfeuer erzählen konnte und andererseits die griechische Philosophie mit ihrem ausgefeilten Denken. Dass wir uns heute mit dem Verstehen dieses Sachverhaltes schwer tun, liegt also in der Natur der Sache. Lasst uns als vereinfachte Formel festhalten:

Der Mensch ist eine Einheit von Geist und Körper, mit der Seele als Vermittlerin von beidem.
Diesen Gedanken gilt es festzuhalten bei den folgenden Überlegungen zur Ethik.

Nächstenliebe der privaten Ethik
(Liebe deinen Nächsten neben dir [Der Einzelne auf der Straße, die Familie und Verwandtschaft, die Gemeinschaften deiner Umgebung]).

Statt „Auge um Auge, Zahn um Zahn" gilt für Jesus das Gebot: „Wenn dir einer auf die rechte Wange schlägt, dem halte auch die linke hin" (Mt.5,38).
Kein Zitat Jesu macht seine Ethik deutlicher! Und keines seiner Verhaltensregeln wurde am meisten missverstanden.
Wer dieses Gebot zum ersten Mal liest, ist wahrscheinlich geschockt. Denn während das alttestamentliche Gebot davon spricht, dass man bei einem Angriff nur soweit zurückschlagen soll, wie es

verhältnismäßig ist (ein Auge für ein Auge – aber mehr nicht!), so sagt Jesus: Nein! Gar nicht sollt ihr zurückschlagen!

Und hier beginnt das Missverständnis. Es gibt Christen, die nehmen es so konkret wörtlich, dass sie in einer permanenten Opferhaltung stehen. Also selbst wenn sie mit dem Leben bedroht werden oder gar ihre Kinder oder Ehefrau, so verharren sie in Passivität und schauen zu, was andere ihnen antun, unterdrücken ihre Gefühle und lassen sich misshandeln. Sicher sind solche Christen die absolute Ausnahme. Aber es soll als Beispiel dienen. Schon bei der Erzählung bekommt man eine Gänsehaut und wenn man sich vorstellt, dass die eigene Frau vor unseren Augen misshandelt wird und die Kinder zuschauen und selbst misshandelt werden und ich sitze dabei regungslos und unterdrücke meine Wut und ich handle nicht, obwohl ich es könnte, dann merkt man, dass diese Interpretation der Lehre Jesu so nicht gemeint sein kann.

Wie ist es denn gemeint? Zunächst einmal erzählt dieses Wort Jesu nicht davon, dass meine Familie bedroht wird oder ein anderer. Sondern es redet davon, dass ich selbst und alleine stehend bedroht werde. Aber eigentlich ist es auch keine wirkliche Lebensbedrohung, denn da ist niemand, der mit einem Messer mir auf die Wange sticht, sondern mir einen „Streich" auf die Wange gibt. Es ist noch nicht einmal ein Kinnhaken. Es ist ein Streich. Solcher gilt unter der Ehre mancher Völker als Beleidigung und Demütigung. Mehr nicht. Vor nicht allzu langer Zeit galt auch in Europa solch eine Handlung als Aufforderung zu einem Duell. Hier hat man dazu seinen Handschuh abgezogen und dem Kontrahenten über die Wange gestreift. Das genügte.

Wer als Mann diese Kränkung ignorierte, galt als feige und er war gesellschaftlich ins Abseits gestellt.

Nun, was meint Jesus? Er erzählt an einem Beispiel, wie ein Christ sich in solch einem Fall verhalten soll. Er geht also davon aus, dass uns jemand provozieren will. Solch eine Provokation kann durchaus auch mündlich geschehen. Das ist sogar meistens der Fall. Also, jemand beleidigt mich. Und wie verhalte ich mich? Das ist die zentrale Frage. Jemand sagt mir etwas Schlimmes, um mich zu beleidigen oder zu provozieren. Was tue ich jetzt? Weiche ich aus und renne weg und gehe dem aus dem Weg? Beuge ich mein Haupt vor ihm, gebe nach und begebe mich in eine Opferrolle? Davon hat Jesus nichts gesagt. Jemand greift mich also verbal an. Ich habe nun verschiedene Möglichkeiten:

1. Ich laufe weg.

2. Ich greife zurück an und beschimpfe ihn ebenfalls.

3. Ich übernehme nun die Angreiferrolle und mache ihn jetzt zum Opfer.

4. Oder ich handle unerwartet anders: Ich lasse mich nicht in eine Opferrolle drängen und will auch ihn nicht dorthin bringen. Ich antworte mit einer Körpersprache der Selbstsicherheit. Ich bleibe stehen und stelle mich dem Problem. Ich demonstriere Stärke, indem ich zeige, dass mich sein Angriff nicht getroffen hat. Man kann es als „Judoprinzip" bezeichnen, das besagt, die beste Verteidigung ist, wenn man nicht da ist, wo der Gegner einen treffen will.

Was bedeutet das konkret? Das bedeutet, man nimmt sich aus dem „Spiel". Man spielt dieses ganze „Theater" nicht mit. Ich bin eine andere Liga. „Du" kannst mich nicht beleidigen. „Ich" bestimme, wer das kann und darf. Ich bin der Herr dieser Aufführung und ich bestimme, was hier geschieht. Wie man sieht, hat also Jesu Verhaltensanweisung nicht das geringste mit einer Opferrolle zu tun und schon gar nichts mit Feigheit.

Wenn Jesus in dieser Situation wäre, was würde er tun? Er macht wiederum etwas ganz Ungewöhnliches, etwas, womit kein Angreifer rechnet. Er hält ihm die andere Wange hin. Also im Falle einer verbalen Provokation bedeutet das, dass der Provokateur nun weitermachen darf mit seiner Beschimpfung. Warum aber will Jesus, dass er das tut? Was bezweckt er damit? Hier kommen wir nun zu dem, worum es Jesus im eigentlichen Sinn geht. Es geht um Heilung. Ein Wort, dass hier so gar nicht zu passen und völlig deplatziert zu sein scheint.

Wir können auch ein anderes Wort nehmen. Es geht um die Pädagogik Jesu.

Alles, was Jesus tat, war Pädagogik.

Das bedeutet, er möchte den Menschen zur Besinnung bringen. Er möchte dem Angreifer einen Spiegel vorhalten und möchte ihn von seiner Aggressivität heilen. Denn jede Aggressivität ist im Grunde eine innere Verletzung und somit eine innere Verwundung, die geheilt werden sollte. Er geht davon aus, dass niemand sich oder anderen schadet, ohne innerlich geschädigt zu sein.

Wie handelt nun Jesus? Er „hört" ihm zu. Klingt komisch. Aber so ist es. Er lässt den Angreifer „zu Wort" kommen. Dessen Worte artikulieren sich zwar in diesem Moment als Angriff und wollen verletzen. Aber gleichzeitig kommt seine innere Verletzung heraus und offenbart sich. Jesus macht ihm deutlich: „Du sollst zu Wort kommen und ich will zuhören, denn mich meinst du nicht persönlich mit deinen Angriffen; ich bin aus dem Spiel. Du meinst etwas anderes und benutzt mich nur als Auslöser deiner Frustration. Ich will der Geburtshelfer zu deiner Heilung sein". Erst wenn die Aggression sich leer gepowert hat, ist sie nicht mehr wirkungsvoll. Dann ist alles raus, und dann kann man Neues aufnehmen und zuhören. Jetzt kann Jesus seine „Botschaft" mitteilen. Worin besteht sie?

Wir haben gesehen, dass Jesus sich aus dem „Spiel" genommen hat. Jetzt beginnt das „Spiel Jesu". Das „Spiel" des Aggressors ist nun vorbei. In der Welt Gottes gelten andere Gesetze. Als der Angreifer auf Jesus zukommt, sieht Jesus ihn nicht so, wie dieser sich momentan äußerlich darstellt, sondern er sieht den inneren Menschen. Er sieht ihn so, wie Gott ihn sieht. Er sieht in seine Seele. Während der Angreifer das Theater der Welt aufführte, wird ihm nun die Wahrheit der Seele entgegengehalten. (Noch einmal zur Erinnerung: Die christliche Ethik ist dreigeteilt als Ethik der Welt gegenüber, als Ethik der Seele gegenüber und als Ethik des Geistes gegenüber).

Die Wahrheit der Seele wird offenbart, wenn man jemandem einen Spiegel vorhält und ihm klar macht: Das bist du. Was tust du da gerade? Jesus hat ihm den Spiegel vorgehalten und ihn zur Besinnung gebracht, so dass er sich fragen kann: Was habe ich da gerade getan? Was ist mit mir los? Ich brauche Hilfe. So will ich nicht sein. Im Idealfall sieht er seine inneren Verletzungen, die dazu geführt haben, so zu handeln. Er sieht, wo er verwundet ist, er sieht seine Schwachheit. Er braucht Hilfe.

Worin besteht die Hilfe, die Jesus ihm gewähren will?

Sie geschah schon dort, wo Jesus ihm zum ersten mal begegnete. Dort, wo Jesus ihn anschaut und in ihm den Menschen sieht, wie er von Gott gesehen wird. Und hier beginnt die Ethik des Geistes. Gott sieht nicht nur den biologischen Menschen mit seinen weltlichen Verhaltensweisen. Gott sieht ebenso den seelischen Menschen mit seinen Verletzlichkeiten. Und Gott sieht den geistigen Menschen. Das ist der vollkommene Mensch, der Mensch wie Gott ihn sich gedacht hat. Der Mensch, wie er in Seinem Reich sich darstellen könnte. Der Blick Jesu ist wie der Blick Gottes. Indem Jesus einen Menschen mit diesen Augen angeschaut hat, konnte Heilung geschehen.

Das ist geistige Heilung bei Jesus. Das ist das Geheimnis der Wundertaten Jesu, nämlich indem er den Menschen mit den Augen der Vollkommenheit anschauen konnte. Die Heilungen Jesu beginnen im geistigen Bereich (bevor er heilte, sprach er oft zuerst: „Deine Sünden sind dir vergeben") und gehen über in den seelischen Bereich (wenn die Seele gesund ist, kann oftmals auch der Körper heil werden), sodann heilt er auch den Körper (Jesus sah auch diesen mit den göttlichen Augen an).

Jesus schaut nicht das vordergründige, sichtbare, vor Augen Stehende an, sondern sieht den inwendigen und geheilten Menschen an. Diese Sichtweise überträgt sich und bewirkt Heilung. Es ist das Gesetz der Resonanz.

Nun gut, könnte man meinen, wenn Jesus so ist, was hab ich damit zu tun? Jesus ist Gottes Sohn und ich nicht! Sehr viel, würde Jesus sagen. Denn warum sonst sollte er uns in der Bergpredigt das Gebot sagen: „Wenn dir jemand auf die rechte Wange schlägt, dem halte auch die andere hin"? Jesus erwartet das von uns. Er sagt nicht: Ich kann das und ihr nicht. Nein, er verlangt es auch von uns.

Das bedeutet, dass wir bei der Begegnung mit unserem

Nächsten genau so handeln sollen und jeden Menschen mit Gottes Augen anschauen sollen. Also auch wir sollen zu Gottes-Pädagogen werden! Wir sind aufgefordert zu heilen. Aber natürlich kann das nicht jeder. **Deshalb muss man beachten, dass dieses Gebot aus der Bergpredigt, ein Gebot an die Jünger Jesu war. Es gilt zwar theoretisch für alle, aber nur wer den Geist Gottes besitzt, kann so handeln.** Deshalb ist es bei der Frage nach dem ethischen Verhalten so wichtig, die Reihenfolge einzuhalten, nämlich erst Gott, dann der Nächste und dann ich. Die Berufung durch Gott muss vorausgesetzt werden. Ein Nicht-Berufener kann nur ähnlich handeln wie ein Tier und er wird auf Aggression mit Gegenaggression reagieren. Nur wer den Geist Gottes hat, kann mit Gottes Vollmacht handeln. Bei allen „Geboten", die Jesus in seiner Predigt ausspricht, muss das mitbedacht werden. Er verlangt von keinem, der die Geheimnisse des Heiligen Geistes noch nicht kennt, solch eine im wahrsten Sinne des Wortes übernatürliche Kraftanstrengung.

In der Bergpredigt Jesu gibt es neben diesem o.g. Gebot noch andere, die den gleichen Inhalt haben: Wenn jemand meinen Mantel fordert, dem soll ich auch das Untergewand geben; wenn jemand mich nötigt, mit ihm einen Weg zu gehen – vielleicht, weil er meine Hilfe beim Gehen braucht – dann gehe mit ihm noch weiter; und wenn jemand mich um etwas bittet, dann helfe ich ihm und wende mich nicht ab (Mt.5,38-42).

Hier ist noch ein korrigierender Gedanke sehr wichtig: Während das alttestamentliche Gebot „Auge um Auge" eine Gesetzgebung für den Staat ist, meint Jesus mit

„Halte auch die andere Wange hin" das persönliche Verhalten eines Christen, aber kein verordnetes, gesellschaftliches Gesetz. Jesus ist ja nicht gekommen, das alte Gesetz aufzulösen, sondern zu erfüllen. Auch wenn er sagt "Ich aber sage euch", will er die staatliche Gesetzgebung nicht aufheben.

Und noch ein anderer Gedanke ist wichtig: Es gibt Menschen, die sind immun gegen eine Pädagogik Gottes. Selbst Jesus ist solchen Menschen begegnet. Dann nützt auch das Hinhalten der anderen Wange nichts. Dann sagt Jesus: „Werft die Perle nicht vor die Säue" (Mt.7,6). Damit ist gemeint, es gibt eine vergebene Liebesmüh`, bei der nützt es nichts, wenn man uneigennützig handelt. Es gibt Menschen, die wollen bewusst Böses tun und lassen sich nicht therapieren. Wie gesagt, bei der Ethik Jesu geht es nicht um ein Verbot der Selbstverteidigung, wenn man angegriffen wird, sondern es geht um mutige Pädagogik.

Es kann sogar sein, dass bei manchen Menschen eine spürbare Reaktion in Form einer wirksamen Verteidigung heilsamer ist, als ein passives Verhalten. Auch das kann in der Pädagogik Jesu möglich sein.

Wir kennen zum Beispiel die Reaktionen Jesu gegenüber den starrsinnigen Pharisäern, die er mit aller Härte verbal angegriffen hat und wir kennen sein Verhalten im Tempel, wo er die Tische derer umgeschmissen hatte, die aus einem Gottesdienst ein Geschäft machen wollten (Mt.21,12).

Auf den ersten und vordergründigen Blick erscheint es uns als Widerspruch zu dem oben gesagten. Aber nur, wenn man nicht versteht, dass es um das Wohl des Anderen geht und die Mittel dazu unterschiedlich sein können.

Jesu Verhalten war hier kein Wutausbruch, wie manchmal seine „Tempelreinigung" beschrieben wird, auch war sein Verhalten den Pharisäern gegenüber nicht von Hass gesteuert, sondern auch hier ging es um bewusste Pädagogik.

Das mag uns eine biblische Geschichte verdeutlichen. Als eine Frau aus einem anderen Land zu Jesus trat und um Heilung für ihre Tochter bat, missachtete er zunächst ihre Anwesenheit. Als seine Jünger aber Jesus darauf aufmerksam machten, sagte er zu ihnen und zur Frau: „Ich bin nur gesandt zu den verlorenen Schafen Israels". Die Frau aber hörte nicht auf zu betteln und warf sich vor ihm nieder. Da sagte Jesus: „Es ist nicht recht, dass man den Kindern ihr Brot nehme und werfe es vor die Hunde". Da sagte die Frau: „Ja, Herr, aber doch essen die Hunde von den Brosamen, die vom Tisch ihrer Herren fallen". Da antwortete Jesus ihr: "Frau, dein Glaube ist groß, dir geschehe wie du willst". Und ihre Tochter wurde zur selben Stunde gesund.

Diese Episode im Lebens Jesu wird auch oft falsch verstanden. Es geht ihm überhaupt nicht darum, dass er dieser Frau nicht helfen will. Es geht ihm auch nicht um „rassistisches" Verhalten (wie man heute sagen würde). Und es geht ihm auch nicht darum, diese Frau zu demütigen. Es geht um etwas ganz anderes: Es geht wiederum um Pädagogik, die der Frau und den Umstehenden wahren Gottesglauben verdeutlichen möchte.

Noch ein Gedanke zur göttlichen Pädagogik: Warum soll es wichtig sein, meinem „Nächsten" mit einer Gesinnung gegenüber zu treten, wie Jesus sie hatte? Warum hat nicht Jesus einfach gesagt: „Macht doch, was ihr wollt!?" oder warum bekämpft er nicht einfach diese bösen und unbelehrbaren Menschen, die den Willen Gottes nicht tun? Warum handelt er nicht so, wie zum Beispiel Mohammed, der ca. sechshundert Jahre später im Namen Allahs es getan hat, indem er seine Feinde eigenhändig getötet hat?

Er tat es, weil es ihm nicht um Bestrafung oder Vergeltung ging, sondern weil er ein anderes Ziel für den Menschen hatte: Er wollte jeden einzelnen retten und zurück in das Reich Gottes führen. Das war der Auftrag, den er von Gott erhalten hatte. Und das ist der Auftrag, den Jesus an uns weitergegeben hat.

Bei der Frage nach einer christlichen Ethik geht es also darum. **Das Ziel der christlichen Ethik ist die Rückführung des Nächsten in das verlorene Paradies.** All unser Handeln hat dieses eine Ziel. Ohne diesen Gedanken bleibt alle Ethik nur ein gehorsames Befolgen von Gesetzen. Wir sollen also handeln wie Jesus Christus, nicht, weil irgend eine Kirche es uns vorschreibt, oder weil wir uns damit den Himmel verdienen würden, sondern weil wir anderen Menschen helfen sollen, eine verlorene Gottesbeziehung wiederzuerlangen. Es reicht nicht aus, soziale Einrichtungen zu gründen und die Hungernden und Dürstenden zu stärken, es reicht auch nicht aus, eine soziale Gesellschaft mit politischen Mitteln zu errichten. Es geht nicht nur um materielle Dinge. Die Menschen haben zutiefst auch einen spirituellen Hunger und Durst. Und jeder Mensch sehnt sich insgeheim zu Gott (also zum vollkommenen glücklichen Zustand), ob es ihm bewusst ist oder nicht.

Nächstenliebe der politischen Ethik

(Liebe deinen Nächsten deines Umfeldes [die Bewohner deines Landes]).

Die Ethik in der Politik ist eine andere als die persönliche Ethik, über die im obigen Kapitel gesprochen wurde. Ein Politiker oder ein Angestellter des Staates (Beamter) muss in seinem Amt anders handeln, als dieselbe Person im Privatleben. Während sein amtliches Handeln von den Gesetzen des Landes bestimmt sein muss, kann dieselbe Person im Privatleben nach den Gesetzen seiner Religion handeln – sofern diese nicht den Gesetzen des Staates zuwiderlaufen, was in der Regel auch nicht so ist.

So muss ein Polizeibeamter einen Verbrecher festnehmen und ihn einer Verurteilung zuführen. Und ein Richter muss unter Umständen jemanden für viele Jahre ins Gefängnis bringen. Im privaten Bereich wäre das „Freiheitsberaubung", im staatlichen Bereich ist das eine gerechte Strafe. Privat kann ein Christ anders handeln und dem Täter verzeihen, um z.B. einen Bewusstseinswandel zu bewirken.

Martin Luther hat dieses unterschiedliche Verhalten in seiner „Zwei Reiche Lehre" gründlich beschrieben. Es gibt darin das Reich der Welt mit ihrer Gesetzgebung und es gibt das Reich Gottes, das im Evangelium deutlich wird. Im Grunde sind die beiden getrennt. Es kann aber auch zu Überschneidungen kommen. So kann es durchaus geschehen, dass staatliche Handlungen so sehr den Gesetzen Gottes widersprechen, dass der Christ aufgefordert ist, die Regierenden darauf aufmerksam zu machen. Beispiele:

- Die Regierung eines bestimmten Landes ist gewählt,

um dessen Bewohnern zu dienen. Wenn sie ihre Arbeit richtig macht, dann wird sie ständig bemüht sein, für das Wohl dieser zu sorgen.

- Aber auch dabei ist Vorsicht geboten, denn eine übertriebene Fürsorge kann zu Bevormundung und zu Gesinnungsdiktatur führen.

- Sie kann aber auch falsch handeln, indem sie ihre Macht missbraucht, um sich selbst zu bereichern auf Kosten der Bevölkerung.

- Sie kann auch falsch handeln, indem sie bestimmte Gruppen bevorteilt und andere benachteiligt.

- Ebenso kann sie falsch handeln, indem sie sich mehr um das Wohl anderer Menschen auf der Welt sorgt, als um die, für die sie berufen wurden.

- Sie kann auch falsch handeln, wenn sie ihre Weltanschauung allen Menschen vorschreibt, die eventuell eine andere haben. Als Beispiel sei der Kommunismus genannt. Jeder, der diesem Wertesystem nicht entsprach, wurde verfolgt und zum Teil auch bestraft.

- Auch die sogenannte Demokratie heutiger Ausprägung ist nicht vor diesen Machtansprüchen gefeit. Wenn man nicht mehr öffentlich seine Meinung sagen darf, ohne mit negativen Konsequenzen rechnen zu müssen, dann ist das ein Verstoß gegen ein zutiefst demokratisches Grundrecht, nämlich der Meinungsfreiheit.

- Auch die Diffamierung Andersdenkender oder Kritiker der Regierung zeugt von undemokratischer Gesinnung.

- Aussprüche einiger Regierungsbeamter, wie „Wir wollen eine tolerante Gesellschaft, aber Null-Toleranz gegenüber den (vermeintlichen) Nichttoleranten", zeugt von einer offensichtlichen Unlogik und widerspricht der Aussage, dass sie wirklich eine tolerante Gesellschaft wollen. Der Übergang zur Meinungsdiktatur ist fließend.

- Der erste Gegner der herrschenden Politiker ist derjenige, der eine andere politische Meinung hat und wird behandelt, als ob er ein Feind wäre. Der zweite wird der sein, der einen anderen Glauben hat! Jedenfalls dann, wenn der Glaube den politischen Meinungen nicht entspricht.

Momentan schwimmen die Landeskirchen auf dem Mainstream der Political Correctness mit. Kein Wunder, denn sie sind vom Staat finanziert. Sie sind im Grunde Staatsdiener, die nach der Weise „Wess` Brot ich ess`, des` Lied ich sing" handeln. (Anmerkung: Sie entsprechen ungefähr den sog. „Kultpropheten" des Alten Testamentes. Auch sie hatten die Aufgabe, dem König zu dienen, ihm nach dem Munde zu reden und seine Botschaft unters Volk zu bringen).

Diese obersten religiösen Staatsdiener der Kirche (so scheint es bisweilen, wenn man sie im Fernsehen sieht) - Bischöfe, Kardinäle u.s.w. - sind im Grunde nur Verwalter eines undefinierten religiösen Grundgefühls, das irgendwie in der Gesellschaft gehandhabt werden muss, damit es nicht aus dem Ruder gerät, sprich: damit es nicht die biblische Botschaft über eine vorgegebene „politische Korrektheit" stellt. Und so reden die Vertreter der Landeskirchen den führenden Politikern das Wort. Politik und Religion muss demnach deckungsgleich sein. Das bezeugt auf unvergleichliche Weise der evangelische Kirchentag 2019.

So wurden gleich politisch Andersdenkende von vornherein ausgeschlossen, so als handele es sich bei einem Kirchen(!)Tag um eine politische Veranstaltung. Die christliche Religion hat stets Andersdenkende und

Andersglaubende mit einbezogen, nicht zuletzt, um sie zu „bekehren". Wenn die Kirche ausgrenzt, ist das schon ein bedenkliches Zeichen. Apropos „religiöses Grundgefühl"! Das, was die Kirchen öffentlich zur Zeit predigen, ist so ziemlich nichtssagend wie nur irgendwas. Die theologischen Aussagen sind dermaßen verwässert, dass sich jeder davon seine Religion selber gestalten kann. So entstehen „Wohlfühl- und Kuschelreligionen", ebenso „Bunte Vielfaltreligionen". Mit biblischen oder christlichen Aussagen hat das nicht mehr viel zu tun. Wer einen landeskirchlichen Gottesdienst besucht, der bekommt fast nur noch Politik serviert, mit einem religiösen Überbau.

Es steckt System dahinter. Denn würde die Kirche ihren christlichen Glauben wirklich vertreten, dann müsste sie auch dem Staat gewaltig auf die Füße treten. Denn dann würde sie erkennen, dass der Staat viele Dinge sagt und beschließt, die ausgesprochen unbiblisch sind und dem christlichen Glauben widersprechen.

Würde die Kirche die Bibel noch ernst nehmen, wie sie beteuert, dann wäre sie gegen:

-„Ehe für Alle" (statt Familie als Grund der Gesellschaft), [Verstoß gegen das 4. und 6. Gebot].

- „Gender-Mainstreaming" (Frau- und Mannsein sollen nicht naturgegeben sein, sondern anerzogen). [Nichtbeachtung der atl. Schöpfungsgeschichte].

- „Öffentliche Kultivierung aller Sexualpraktiken" (z.B. Love-Paraden, die weniger mit Liebe zu tun haben als mit sexueller Ausschweifung) [Missachtung des 6. Gebotes].

- „Mord am Ungeborenen" (Abtreibung) [Verstoß gegen das 5. Gebot].

- „Sexualunterricht im Kindergarten" (Abtrainieren des natürlichen Schamgefühles - Akzeptanz von abnormalem und perversen Verhalten - Zerstörung der Moral). [Verstoß gegen das Verbot der Unzucht, 3.Mos.19,29].

- „Ausgrenzung und Verfolgung politisch Andersdenkender" (Abkehr von demokratischer Meinungsfreiheit). [Verstoß gegen die Nächstenliebe, Mt.5,43].

- „Anfeindung derer, die ihr Land lieben" (Sein Land zu lieben ist keine Sünde, sondern im Gegenteil eine notwendige Voraussetzung für soziales Handeln und außerdem kein Argument, dass andere Völker gehasst werden müssen – wie oft unterstellt wird). [Jedes Land hat einen Engel, vgl. Dan.10,13].

- „Überflutung mit Fremdvölkern, die offen gegen Christentum und Judentum sind" (Falsches Toleranzdenken und unverantwortlich gegenüber den eigenen Bewohnern - außerdem beweist das ein Unvermögen, zukünftige Entwicklungen zu erkennen - Wer andere in Gefahr bringt, handelt unverantwortlich). [Die beiden letztgenannten Punkte sind ebenfalls Verstöße gegen die Nächstenliebe, z.B. Mt.5,43].

Noch ein Wort zu den Politikern, egal ob sie gläubig sind oder nicht. Es gibt eine psychologische Verantwortung den Menschen ihres Landes gegenüber. Sie symbolisieren auf unterbewusste und sozusagen gefühlte Art die „Eltern". Das klingt im ersten Moment sehr komisch. Schaut man sich aber manche Begriffe an, dann wird das klarer. Es gibt den Begriff „Landesvater" oder die Benennung der Bundeskanzlerin als „Mutti" und das obwohl sie nie eigene Kinder hatte. Selbst wenn diese familiären Ausdrücke nicht

82

verwendet werden, so spricht man dennoch von politischer „Führung", selbst wenn man den missbrauchten Singular nicht mehr benutzen möchte. Eine Führerpersönlichkeit, sei es ein Elternteil oder eine Figur aus irgendeinem Bereich, ist dann gut, wenn sie es versteht, die Geführten gerecht zu behandeln. Wenn Eltern zum Beispiel fremde Kinder den eigenen vorziehen, dann entsteht Wut und Hass bei diesen. Das kann soweit führen, dass sie sich von den Eltern erbost abwenden und unter Umständen nie wieder ein vernünftiges Verhältnis zueinander haben. Ein Verhalten der Politiker kann psychologisch betrachtet, das gleiche Gefühl bei den Menschen hervorrufen.

Wenn also eine Führung die eigene Bevölkerung gegenüber anderen Völkern, z.B. Einwanderern, benachteiligt, dann entsteht Unruhe und Neid. Wenn also ein Sozialhilfeempfänger im Land oder ein Rentner, der sein Leben lang für dieses Land einen Teil seines Lohnes geopfert hat, weniger erhält als ein Flüchtling, der zu uns kommt und nie etwas für diese Gesellschaft geleistet hat, vielleicht sogar diese seinem Glauben gemäß verachtet, (er erhält eine Wohnung oder Haus gestellt, bekommt Möbel, Bekleidung, ein Handy, darf umsonst mit Verkehrsmitteln fahren, und erhält Sozialhilfe für sich und seine Familie, vielleicht sogar für Kinder im fremden Land), dann ist es nur logisch, dass sich Unmut im Land breit macht. Und wenn dann noch diejenigen, die Kritik daran üben als Unmenschen beschimpft werden, dann ist die nächste Revolte vorprogrammiert. Wir haben es bei der sog. friedlichen Revolution 1989 erlebt. Wenn Politiker nicht auf ihr Volk hören, rufen sie genau das hervor, was sie bekämpfen wollen. Revolutionen sind selbstgemachte

Produkte einer unvernünftigen Politik. Kein Mensch geht von sich aus auf die Straße und setzt sich Repressalien aus, wenn er es nicht muss. Kein normaler Mensch will das (sicher gibt es Chaoten, die daran Spaß haben).

Ich glaube, eine finanzielle Bevorteilung nicht integrierter Menschen unter uns wird noch eher akzeptiert, als eine moralische. Wenn bei Straftaten ein Fremder besser davonkommt, als ein Einheimischer; oder wenn ein Ausländer stolz auf sein Volk und Land sein darf und es als ethnische Buntheit akzeptiert wird, wenn aber ein Einheimischer dasselbe tut, oder stolz sein möchte auf sein Land, dann wird er als Nazi beschimpft. Wenn sogar die Bundeskanzlerin die nationale Fahne verächtlich in die Ecke wirft (was bei der CDU Wahlparty 2013 geschehen ist), und grüne Politiker mit der Aufschrift „Deutschland, du mieses Stück Scheiße" in Hannover 2015 marschieren, dann wird symbolisiert: Der eigene Bürger und das eigene Land gelten nicht soviel wie andere. All das sind unterbewusste Signale, die zu Hass führen, denn diese moralischen Ungleichheiten wiegen schlimmer.

Nächstenliebe der erweiterten politischen Ethik

(Liebe deinen Nächsten aus anderen Völkern).

Die Nächstenliebe, die Jesus gebietet, bezieht sich keineswegs nur auf den unmittelbaren Nächsten neben uns. Sie gilt selbstverständlich auch gegenüber anderen Menschen aus anderen Völkern, nämlich denen, die in unserem Land leben und denen, irgendwo auf unserem Planeten. Wenn oben beschrieben wurde, dass Politiker sich zuerst um ihr eigenes Volk kümmern müssen, heißt das nicht zwangsläufig, dass sie sich gegen andere wenden müssen (was oft unterstellt wird). Wer z.B. seine eigene Familie ehrt und damit dem 4. Gebot Gottes folgt, der wird nicht dadurch andere Familien hassen, sondern im Gegenteil, er wird ein Bewusstsein für andere entwickeln und sie unterstützen. Ebensowenig darf man aus einer natürlichen Liebe zu seinem Land oder Landsleuten schließen, dass man andere Völker deswegen verachtet. Das ist ein Gedanke, der aus einer übertriebenen Furcht und einem Trauma der Vergangenheit entstanden ist. Natürlich trägt eine Nächstenliebe auch Verantwortung gegenüber anderen Völkern, jedoch kann man die Nöte dieser nicht dadurch lindern, dass man alle in sein eigenes Land einlädt. Erst recht nicht, wenn es dadurch der eigenen Bevölkerung schlechter geht, oder wenn zu befürchten ist, dass es Unruhe im Land geben wird. Die Politik ist hier gefordert, den Menschen vor Ort zu helfen. Auch kann eine Einzelperson in ein Land reisen, um aus christlicher Nächstenliebe zu helfen, z.B. indem ein Arzt dort für geringe Entlohnung seinen Dienst tut.

Nächstenliebe der ökologischen Ethik
(Liebe deine Mitgeschöpfe und alle Wesen, denn alle sind von Gott geschaffen. Liebe die ganze Schöpfung) [Leben ist heilig].

Zum Objekt der Nächstenliebe gehört nicht nur der

Mensch. Ebenso gehören zu ihr alle anderen Geschöpfe, vom Tier bis zur Pflanze. Aber ebenso gehört zur Ethik unser gesamter Planet Erde. Der Grund liegt nicht zuletzt darin, dass wir ein Teil davon sind. Überhaupt ist der Grund einer jeden Ethik das Wissen, dass alles miteinander verbunden ist! Wenn unser Planet leidet, dann haben wir die Folgen zu tragen. Wenn durch unser Verhalten die Natur und Umwelt zerstört wird, dann zerstören wir gleichzeitig uns selbst, denn wir sind selbst Natur.

Oft beobachtet man, dass Menschen, wenn eine Biene in ihre Nähe kommt, sie töten. Das Gleiche, wenn eine Fliege im Zimmer ist. Wenn man sie fragt, warum sie das tun, wird man mit großen Augen erstaunt angeschaut, sogar von religiösen Menschen. Gegenüber Insekten scheint keinerlei Empathie vorhanden zu sein. Gegenüber Tieren ist es oft anders, besonders, wenn es sich um „süße" Felltiere handelt. Aber auch hier ist die Situation wiederum eine andere bei Jägern, bei Angestellten in Schlachthäusern oder in Versuchslaboren, wo Tiere „im Auftrag der Wissenschaft" gequält und getötet werden.

Jedem, der leichtfertig ein Lebewesen tötet, fehlt das Verständnis, dass Leben heilig ist.

Und ihm fehlt das Bewusstsein, dass jedes auch noch so geringe Wesen fühlen kann und somit Leiden empfindet bei Qual oder Tötung. Das Leben an sich ist heilig, weil es von Gott kommt!

Es ist die Tragik des Lebens, dass man, um zu überleben, Tiere töten muss. Das ist die Situation dieser „gefallenen Welt". Es ist eine leidvolle Welt des Fressen und Gefressenwerdens. Die ursprüngliche Welt Gottes hatte das nicht nötig. Dort lebten alle Geschöpfe von der

Energie Gottes. In unserer gottfernen Welt, in der wir leben, ist das nicht möglich. Nur wenige Heilige haben an ihrem Leib erfahren dürfen, dass sie aus einer unmittelbaren Gottesnähe eine Energie bekommen haben, die sie frei von den Bedingungen der materiellen Welt gemacht haben.

Wenn schon unsere Welt, die wir täglich erleben, eine unvollkommene und leidvolle ist, dann sollte es Aufgabe der Ethik sein, diese nicht noch mehr leidvoll zu machen, sondern so gut es geht, das Reich Gottes (wie es im Vaterunser gebetet wird) zumindest ein Stück weit zu verwirklichen.

3. Die Ethik sich selbst gegenüber

Vorüberlegung

Bei jeder Frage nach dem richtigen Handeln muss man sich klar machen, dass der Grund eines jeden Tuns nicht im luftleeren Raum liegt. Zwar würde ein gläubiger Mensch seine Handlungen mit dem Verweis auf Gottes Gebote begründen und ein Atheist auf seinen eigenen Willen verweisen, jedoch haben beide, obgleich verschieden, einen gemeinsamen Ursprung. **Die Frage nach der richtigen Ethik ist die Frage nach dem Bedürfnis! Was ist notwendig, für mich als *biologisches* Wesen, das unter den Gesetzen der äußeren Natur steht? Was ist notwendig für mich als *seelisches* Wesen, das unter den Gesetzen der psychischen Natur steht? Und was ist notwendig für mich als *geistiges* Wesen, das unter den Gesetzen des Unvergänglichen steht? Das sind die entscheidenden Fragen der Ethik. Wir können auch fragen: Was ist lebenswichtig und dient dem Erhalt des Lebens? Oder: Was ist wichtig für meine Gesundheit?** Bei dem Blick auf den äußeren Körper ist die Antwort scheinbar klar. Hunderte von Ratgebern und Gesundheitssendungen im Fernsehen geben darüber Auskunft. Hier geht es um Gesundheit und Wohlbefinden. Wir kennen die *Gesetze der Biologie* ziemlich gut. Schwieriger wird es dann schon bei der Frage nach *psychischer* Gesundheit und ganz schwierig bei *geistiger* Gesundheit. Wir müssen also die Gesetze unseres dreieinigen Körpers kennen, damit wir ihnen entsprechend richtig handeln. Wer nur den Körper im

Blick hat und nicht seine anderen Wirklichkeiten, kann am Ziel vorbeischießen. Immer müssen alle drei im Auge behalten werden.

Ethik zu mir selbst als biologisches Wesen:
(Liebe gegenüber meiner Körperlichkeit [als Teil der Tierwelt])

Die Ethik (das Verhalten) gegenüber meinem Körper ist relativ einfach zu verstehen. Der Mensch teilt die gleichen Bedürfnisse mit denen der Tiere. Hierbei ist die Frage: Was braucht der Körper zum eigenen Erhalt? Er braucht Wasser, feste Nahrung, Vitamine, natürlich Luft und (in eingeschränktem Maße) Sexualität. Letztere ist nur bedingt lebenswichtig, weil kein Wesen ohne Sex stirbt. Ebenso braucht jeder Körper Bewegung, damit alle Bereiche mit Blut, Sauerstoff und anderem versorgt werden können. Und natürlich ist Schlaf ein Grundbedürfnis, damit sich alle körperlichen Teile regenerieren können. Und vieles mehr.

Ethik zu mir selbst als seelisches Wesen
(Liebe gegenüber meiner Seele [als Erkenntnis-Organ] - [Seelenheil])

Auch für die Seele ist Schlaf sehr wichtig. Denn die Erlebnisse des Tages müssen verarbeitet werden. Das gelingt nur, wenn alle Gedanken einmal abgeschaltet werden und zur Ruhe kommen.

Bei der seelischen Ethik geht es um die Liebe zu mir selbst. Was kann ich mir Gutes tun? Wie fühle ich mich wohl, was erhält meine Psyche gesund? Die Grundbedürfnisse der Seele sind z.b. Sicherheit, Geborgenheit, Liebe, Freiheit, Bildung, Freude, Lust, Sozialer Kontakt, sowie Selbstverwirklichung und Selbsterkenntnis.

Bei der Frage nach dem Wohl der Seele gibt es keine klaren Abgrenzungen zum Wohl des Körpers, denn sie ist mit ihm verbunden und durchdringt ihn. Ebenfalls gibt es keine klare Grenze zum Geist. Denn die Seele ist Teil des Geistes. Allenfalls an den extremen Rändern gibt es Distanzen und Unterschiede. Das sollte man immer bedenken bei diesen Beispielen.

Ethik zu mir selbst als geistiges Wesen:
(Liebe gegenüber meinem Geist [als Abbild Gottes])

a. Geistige Ethik:

Bei der geistigen Ethik geht es über das biologische und psychische Lebens hinaus. Wer alles erreicht hat im Leben, z.B. immer gesund war, eine erfüllte Arbeit hatte, immer zur Genüge Nahrung hatte, Ehe, Familie, Kinder, Haus, Garten, Auto, Soziale Anerkennung besaß und so weiter, der wird irgendwann einmal an den Punkt kommen, wo er sich fragt: War es das? Was war der Sinn des Ganzen? Und was kommt jetzt? Manchmal fällt das Wort Midlifecrisis. Ab diesem Punkt gibt es nichts Neues. Man hat alles erreicht und alles, was jetzt geschieht, ist Wiederholung. Bei seinen Kindern sieht man das selbe Spiel des Lebens. In der indischen Philosophie nennt man das „Samsara". Das Rad des Lebens dreht sich immer gleich. Nur die Nuancen sind verschieden. Das Buch Koheleth (Prediger Salomo) des Alten Testamentes beschreibt dieses Leben zusammengefasst mit den Worten: „Alles ist immer gleich und vergänglich und letztendlich darum (an sich) sinnlos". Der christliche Mystiker Thomas a Kempis deutet den Koheleth als Anleitung zur Kontemplation, da man darin erkennen kann, dass das sichtbare Leben unvollkommen ist und es deshalb notwendig sei, sich auf unvergängliche Dinge zu konzentrieren. **Bei der geistigen Ethik fragen wir deshalb nach den unveränderlichen Dingen.** Zunächst nach den Lebensprinzipien allgemein, als Grundlagen für unser alltägliches Dasein, und später dann für das Leben danach. Nämlich: Was dient dem Leben und was zerstört es? Welche Einstellung ist lebensbejahend? Welche geistige Einstellung fördert die Gesundheit meines Körpers, welche meine Seele und welche meinen unvergänglichen Geist?

Die geistige Ethik ist also ein Verhalten oder Tun im Geiste. Das hört sich komisch an, denn wir kennen ein Tun nur als Handlung unserer Hände. Aber hier geht es um ein Tun im Geiste, das besagt, dass etwas bewusst in Gang gesetzt wird, ohne dass man es sehen kann, das aber trotzdem sehr wirkungsvoll ist.

Jesus hat oft geboten, dass wir „Glauben" haben sollen, damit etwas geschehen kann. Zum Beispiel sprach er oft, nachdem er jemanden geheilt hat: „Dein Glaube hat dir geholfen" (Lk.8,48). Was meint er mit Glauben? Sicher nicht das, was wir heute darunter verstehen, nämlich ein Nichtwissen. Er meinte damit eine geistige

Einstellung, die Voraussetzung für das Leben ist. **Er ging von dem Prinzip aus, dass Gedanken Wirklichkeiten sind, in dem Sinne, dass sie wirken.** Kein Gedanke ist nur im luftleeren Raum. Gedanken sind mächtig. Dies bewies Jesus, wenn er Kranke heilte. Er sprach ein Wort und einen Gedanken aus und das wurde Wirklichkeit. Es wirkte und es heilte. **Geistige Ethik ist ein Tun im Geiste, ein bewusster Gedanke.** Wie muss dieser nun aussehen? Er muss dem Leben dienen. Jeder Gedanke, der so ausgerichtet ist und Leben bewirkt, ist ein richtiger Gedanke. Jeder, der der Gesundheit dient, ist ebenfalls ein richtiger Gedanke, denn Gesundheit ist Grundvoraussetzung zum Leben. Unter diesem Gesichtspunkt müssen wir auch die Gebote der Religion überprüfen, also z.B. die 10 Gebote.

b. Krankheit und Tod

Hier ist eine Vorüberlegung nötig. Warum muss die geistige Ethik dem Leben dienen? Warum dem Leben, warum nicht der Krankheit und dem Tod, warum nicht dem Chaos? Wir haben oben bereits gesagt, dass die Frage der Ethik eine Frage nach den Bedürfnissen ist. Also: Warum sollte unser Bedürfnis darin bestehen, tot zu sein, warum krank, warum im Chaos zu leben? Das ergibt keinen Sinn! Jeder will leben und jeder will gesund sein und in Frieden leben. Oder etwa nicht?
Es scheint Ausnahmen zu geben. Es gibt Menschen, die von einer Todessehnsucht getrieben sind. Und es gibt welche, die krank sein wollen (wenn auch meist

unbewusst). Und es gibt welche, die Unordnung lieben oder sogar Krieg. Hier könnte man doch sagen, dass das Bedürfnis nach Leben und Gesundheit wohl nicht für alle gilt. Aber das ist falsch. Denn wer sich den Tod wünscht, der tut es nur, weil er ein falsches Leben führt. Er lebt nicht erfüllt, er lebt nicht das aus, was er möchte und könnte. Er wird vom eigentlichen Leben abgehalten. Er tut Dinge, die ihm nicht Spaß machen, er lebt an seiner Bestimmung vorbei.

Und so ist es auch mit der Gesundheit. Wer sich insgeheim wünscht, krank zu sein, der will sich aus einer Lebenssituation zurückziehen, will mal für sich sein oder wünscht sich vielleicht, mal gepflegt zu werden und will Aufmerksamkeit, vielleicht sogar Liebe erlangen. Aber auch er will eigentlich leben. Aber er möchte ein erfülltes Leben haben.

Überall dort, wo das Leben nicht erfüllt ist, entsteht Todessehnsucht oder Krankheit.

Der verborgene Wunsch nach beidem führt oft zu körperlichen Auswirkungen. Es gibt sogenannte psychosomatische Reaktionen.

Und wer Krieg oder Chaos liebt, der will wahrscheinlich unbewusst das bestehende Leben ändern oder will seine innere Leere betäuben, die vielleicht aus einer ungeliebten Vergangenheit resultiert.

Hier wird deutlich, dass der unbewusste oder auch bewusste Gedanke eine mächtige Sache ist. Kein Gedanke lebt für sich, sondern wirkt sich aus und wird real. Viele Krankheiten entstehen nur aus dem geheimen Wunsch, krank zu sein. Und viele Menschen sterben, weil sie in ihren Gedanken dem Körper den „Befehl" gegeben haben, schwach zu werden und die Lebensfunktionen einzustellen.

Es gibt noch einen metaphysischen Grund, leben zu wollen. Und der heißt: Gott ist das Leben. Er ist das Leben an sich, er ist der Urgrund des Lebens. Alles kommt von ihm. Leben kommt vom Leben. Der Mensch ist nach seinem Bilde geschaffen und somit ein Teil des ganzen Lebens. Weil Gott Leben ist, deshalb will der Mensch leben. Und deshalb will auch jedes Lebewesen leben. Auch kein Tier will sterben. Jedenfalls nicht vor der bestimmten Zeit. Es gibt einen Zeitpunkt, da ist es normal zu sterben. Wer „alt und lebenssatt" ist, so beschreibt es die Bibel, der ist bereit zu gehen. Das gilt für den Menschen und für die Tiere, die oftmals spüren, wann es Zeit ist zu gehen. Viele Menschen wehren sich auch im hohen Alter zu sterben. Das kann viele Ursachen haben, wie unerledigte Dinge oder unversöhnlicher Streit mit Angehörigen, oder die Angst vor dem, was kommt oder der Glaube, dass es nach dem Tode das ewige Nichts gibt und alles umsonst war, was sie im Leben getan haben.

Eine Ethik, die dem Leben dient, schließt den normalen körperlichen Tod mit ein. Das ist kein Widerspruch. Die Akzeptanz des Sterbens, wenn es das Schicksal fordert, ist ein Teil der Lebensbejahung.

c. Empathisches Handeln:

Noch einmal: Geistige Ethik fragt nach dem geistigen Tun. Welcher Gedanke ist lebensbejahend und gesundheitsfördernd? Sie ist zweigeteilt. Zunächst ist zu überlegen, welche Ethik dieses Bereiches förderlich für das „Leben hier und jetzt" ist. Und später soll überlegt werden, welche Ethik für das „Leben danach" wichtig ist, also für das Leben im Geist Gottes, für das Leben in Seinem Reich. Denn darum geht es letztendlich in einer Ethik, die sich christlich nennen will.

Eine christliche Verhaltensregel hat nicht nur das Diesseitige im Blick, sondern auch das jenseitige Reich Gottes, das später auf uns zukommt.

Geistiges Tun ist Denken. Wie sollen wir gedanklich handeln, wie sollen wir also denken? Wie bei der Frage „gibt es ein richtiges Handeln?" muss man hier fragen: „Gibt es ein richtiges Denken?". Vielleicht ist diese Überlegung verwirrend.

Denn kaum einer weiß, dass Denken an sich auch mit Moral und Ethik zu tun hat.

In der Bergpredigt Jesu wird dieser Gedanke bereits vorausgesetzt, wenn Jesus z.B. sagt, es genüge nicht, seinem Feind nichts zu tun, sondern bereits der Gedanke daran, ihm ein Leid zuzufügen, sei verwerflich. Oder, es genüge nicht, Ehebruch zu vermeiden, sondern bereits der Gedanke an eine andere Frau in diesem Zusammenhang sei nicht in Ordnung.

Jesus predigte eine Ethik, die bereits im Denken ihren Anfang nimmt!

Wir sagten oben bereits:

Das oberste Prinzip der Ethik heißt, Empathie für jedes Lebewesen zu haben.

Wer diese besitzt, der kann nur Gutes für alle wünschen. Wer sich mit jedem und allem verbunden weiß, der hat einen Widerwillen, anderen einen Schmerz zuzufügen, denn in dem Maße, wie er das tun würde, empfindet er selbst diese Schmerzen.

Empathie ist eine geistige Sache. Nur die Seele kann dies empfinden. Und sie ist lebensbejahend. Alles, was ich tue, wenn ich diese Einstellung habe, ist gut. Da braucht man keine logischen Rechtfertigungen und philosophischen Begründungen mehr! Die Frage nach dem Guten muss nicht mehr lange durchdacht werden und Argument gegen Argument verglichen werden. **Das Gute ist das Handeln in Empathie! Wer nichts von Ethik versteht als nur das, der hat das Wesen der Ethik begriffen!** Fertig! So einfach ist Ethik zu verstehen. Wir müssen auch nicht einzelne Taten untersuchen, ob sie gut oder schlecht sind. Bei jeder Handlung müssen wir nur fragen: Würde ich das an mir selber zulassen? Würde ich mich abtreiben lassen, wenn ich ein Embryo wäre? Würde ich wollen, dass jemand auf mich schießt und mich tötet oder verwundet?

Würde ich wollen, dass mich jemand bestiehlt? U.s.w.! Neben den menschlichen Fragen können wir auch überlegen:

Wäre ich ein Tier, würde ich es wollen, eingepfercht zu sein, mein Leben lang? Möchte ich als Henne auf einem Metallgitter unbeweglich sitzend mein Leben verbringen oder als Kuh nur im Stall leben? Möchte ich als Tiger im Zoo im Käfig leben und nie frei herumlaufen können? Möchte ich in Versuchslaboren mit Medikamenten vollgestopft werden oder Drähte im Gehirn haben?

Wäre ich der Planet Erde, würde es mir gefallen, dass man mich mit Atom und Chemie verseucht, man die Bäume unvernünftig abholzt und die Artenvielfalt zerstört?

Wären wir uns bewusst, dass wir mit allem verbunden sind, wir würden das alles nicht tun. Hätten wir Empathie für alle Wesen, wir würden nicht so handeln wie wir es tun.

96

d. Das persönliche Ziel:

In Asien, speziell in Indien, ist es vielerorts Brauch, dass ein Mensch, wenn er das letzte Viertel seines Lebens beginnt, sich zurückzieht und sich auf spirituelle Dinge konzentriert. Er hat nun seine Jugend, sein Ehe- und Familienleben, seine Arbeitszeit hinter sich und beginnt nun ein Leben mit einem neuen Ziel.

Im Westen würden wir fragen: Was will ein alter Mensch denn Neues beginnen, er kann ja nicht mehr viel? Sein Körper ist alt und schwach geworden und er ist vielleicht sogar eine Last für die Anderen. Viele werden dann depressiv oder senil, weil sie kein Ziel mehr haben. Okay, sie können vielleicht hier und da mal z.B. auf die Enkel aufpassen oder Ähnliches tun. Aber eigentlich haben sie das Gefühl, alles gehe auch ohne sie und vielleicht noch besser.

In Indien kann man sich in ein Kloster (Ashram) zurückziehen und sich auf seine Ewigkeit vorbereiten. Das kann man mit hiesigen Altenheimen in keinster Weise vergleichen, wo die Alten nur beschäftigt werden mit Brettspielen oder Gruppenaktivitäten – wenn überhaupt. Oft sitzen die alten Leute nur den ganzen Tag auf einem Sessel herum oder liegen im Bett, ohne geistige oder körperliche Beschäftigung und warten auf den Tod.

Da, wo es den Glauben an ein Weiterleben nach dem Tod gibt, ist die Zeit des körperlichen Verfalls keine sinnlose Zeit. Da kann man sich geistig vorbereiten auf das eigentliche Leben, auf das Ziel des ganzen Unterfangens namens „Leben". Da weiß man, dass es eine universelle, ewige Bedeutung hat.

Diese Ausrichtung darauf muss nicht auf das Alter

beschränkt sein. Wer sich dessen schon in jungen Jahren bewusst ist, kann nur davon profitieren. Er weiß zum Beispiel, dass dieses jetzige Leben nicht das einzige ist, sondern nur ein kleiner Teil der Ewigkeit. Schicksalsschläge, die das Leben behindern, können eher akzeptiert werden, weil man weiß, dass sie nur zeitlich begrenzt sind. Denn in einem neuen Leben gibt es diese nicht mehr. Wie dieses Neue dann aussieht, kann von dem Gläubigen beeinflusst werden. Er wird seine Lebensweise auf dieses Ziel hin ausrichten und möglichst Gutes tun seinem Nächsten und generell allen Lebewesen, versuchen ein Segen zu sein. Und er wird sich auf den Gott, dem er begegnen will, vorbereiten. In der indischen heiligen Schrift, der Bhagavat Gita, wird gesagt, dass man dem Gott, den man verehrt hat, in der jenseitigen Welt begegnen wird. Leider ist dieses Bewusstsein jener Vorbereitung in unserer modernen Welt sehr wenig vorhanden. Es verwundert nicht, wenn selbst die Kirchen das Ewige Leben aus den Augen verloren haben und sich nur noch auf politischen Veranstaltungen tummeln, so als sei dieses Leben hier und jetzt das einzige (es gibt, Gott sei Dank, auch Ausnahmen).

d. α. Vergottung und Heiligkeit:

Wie kann man sich vorbereiten? Wer sich nie mit Spiritualität oder Religion beschäftigt hat, wird mit einer solchen Vorbereitung Schwierigkeiten haben. Er braucht erst einmal Lektüre, die ihn in das Thema einführt. Oder er braucht einen Seelsorger, der mit dem Thema vertraut ist. Hat er sodann ein gewisses

Grundwissen erlangt und einen Funken Glauben an Gott, zumindest soweit, dass er glauben kann, dass es Gott gibt, dann kann er seinen Glauben praktizieren. Es gibt verschiedene Zugänge. Ein Katholik wird es anders machen als ein Protestant, ein Nichtchrist wiederum ganz anders, aber alle haben ein Ziel: Die Rückkehr zu ihrem geistigen und spirituellen Ursprung. Allen gemeinsam ist das, was man Gebet nennt. Auch hier gibt es verschiedene „Techniken", vom einfachen Sprechen mit Gott bis zu Meditationsformen der Stille und Kontemplation.

In der orthodoxen Christenheit (also z.B. in griechischen oder russischen Kirchen) spricht man von Vergottung. Damit ist der Gedanke gemeint, dass man sich durch die Praxis des Glaubens so weit auf Gott zubewegen kann, dass man von Ihm verwandelt wird. Wir werden Gott ähnlich, in dem Sinne, dass wir die Gottebenbildlichkeit der ursprünglichen Schöpfung (1.Mos.1,27) in Ansätzen wiedererlangen oder anders ausgedrückt: Wir werden Christus ähnlich, denn wie der Apostel Paulus sagt: „Nun lebe nicht mehr nur ich, sondern Christus lebt in mir" (Gal.2,20). In Vollkommenheit ist das hier in dieser Dimension nicht zu erreichen, denn hier herrscht die Unvollkommenheit. Wenn wir uns in Gott im Gebet vertiefen, kann er durch uns wirken und unser Denken wird verwandelt werden. Wie wir oben gesehen haben, beginnt alles mit einem Gedanken, weil dieser wirkmächtig ist. Wenn unsere Gedanken auf Gott gerichtet sind, wird seine Energie uns verwandeln. Wie Jesus zu einem Pharisäer namens Nikodemus sagte: „Du musst von neuem geboren werden (man kann auch übersetzen „von oben geboren"), dann kannst du das Reich Gottes sehen. Die

Begegnung mit Gott bewirkt eine neue Geburt. „Darum ist jemand mit Christus vereint, so ist er eine neue Kreatur geworden, das alte ist vergangen, siehe es ist alles neu geworden", sagt Paulus (2.Kor.5,17). Auf diesen mystischen Aspekt des christlichen Glaubens wird leider viel zu wenig verwiesen, vielleicht aus dem Grund, dass man in den theologischen Fakultäten den geistigen Aspekt ausklammert, in dem vermeintlichen Irrglauben, dass man dann nicht mehr wissenschaftlich arbeiten könne.

In der katholischen Westkirche vermeidet man den Begriff „Vergottung", spricht aber stattdessen von Heiligkeit. Was ist Heiligkeit? Im Alten Testament der Bibel wird sie beschrieben als die Grundeigenschaft Gottes. Nur Gott ist heilig und der, der ihm gehört, hat Teil daran und die Dinge, die im Kult eines Gottesdienstes verwendet werden, ebenfalls. Ein „Gerechter", wie solch ein Mensch im Alten Testament genannt wird, ist einer, der den Willen Gottes tut und ihm bewusst folgt, steht unter Seinem Segen.

Es ist die Tragik der evangelischen Kirche, dass sie die Heiligkeit aus ihrem Dogma gestrichen hat und somit die Verehrung der Heiligen. Damit ist der Weg frei geworden für die Säkularisierung, also die Verweltlichung ihrer Lehre. Damit ist auch klar, warum ihre Verkündigung oft nur noch politisch ist und nicht mehr spirituell. Moderne Theologen sind oft weltlich ausgerichtet. Religion gilt als überwunden, da sie nur noch als moralischer Imperativ angesehen wird. Da Jesus Christus alle Menschen erlöst habe, müsse man sich nicht mehr abmühen, die Gebote zu beachten und nicht mehr Gedanken machen um seine Zukunft im Jenseits. Allein aus Gnade kämen alle in den Himmel.

Klar, wer so denkt, muss keinen Gottesdienst mehr besuchen. Die Kirchen haben somit den Ast abgesägt, auf dem sie sitzen. Und sie tragen selbst dazu bei, dass viele austreten. Die Kirche hat scheinbar kein Ziel mehr, das sie den Gläubigen vermitteln kann, außer dem zelotischen Wahn einer gerechten Welt, die sie selbst erschaffen zu können meint. Wie oft schon haben die selbsternannten Weltverbesserer die Welt in ein Chaos gestürzt! Die Kirche muss ihre Heiligkeit wieder entdecken. Wenn sie nur noch von weltlich gesinnten Pastoren oder Priestern repräsentiert wird, wird sie nicht mehr als das wahrgenommen, was sie ursprünglich einmal war, nämlich eine Gemeinschaft der Heiligen. Das Heiligsein ist aber noch unvollkommen, wenn man es nur als eine Theorie auffasst. Es braucht auch die Praxis, es braucht eine ethische Ausrichtung. Was heißt heilig als praktische Konsequenz? Ist Heiligkeit nur eine geistige Ausrichtung auf Gott oder auch Verpflichtung heilig zu leben? Und wenn ja, wie soll sie dann aussehen? Wer heilig leben möchte aus eigener Kraft, der wird sie nicht erreichen können. Wer sie moralisch versteht, versteht sie falsch. Man kann also nicht sagen: Ich lebe moralisch perfekt, erfülle alle Gebote, tue niemandem etwas zuleide, also bin ich heilig. Nein, noch lange nicht. Denn diese moralische Korrektheit ist eine steife und unlebendige Lebensweise. Sie kann zu Selbstgerechtigkeit führen oder zu zwanghaftem Gesetzesdünkel. Heiligkeit ist eine Gabe des Geistes Gottes. Nur Gott ist heilig und nur der Mensch kann heilig leben, der von Gottes Geist bewegt wird. Gibt es aber Heiligkeit ohne Befolgung der Gebote, ohne dass man Gutes tut? Das wird praktisch nicht möglich sein, denn Gott ist das Gute und wenn er in uns wohnt, werden wir gottgemäß handeln. Es ist ein Automatismus. Gott wird uns führen. Ethik wird zur Realisierung der Mystik (Gottverbindung). Wir werden durchlässig für Gottes Handeln. Ethik ist nun etwas Lebendiges. Gesetzlichkeit ist statisch, Heiligkeit ist lebendig. Die Früchte der Heiligkeit sind u.a., wie es der Apostel Paulus ausdrückt, Liebe, Freude, Geduld, Sanftmut, Glaube und Keuschheit (Gal.5,22). Sie steht gegen das, was Paulus die „Lüste des Fleisches" nennt (Gal.5,16) oder Johannes (1.Joh.2,15,16) „Liebe zur Welt".

IV. Zusammenfassung von I-III.A

Wir sind von der Frage ausgegangen, ob die Ethik, also das richtige Verhalten, so relativ und beliebig ist, dass jeder tun und lassen kann, was er will. Und wir haben überlegt, ob es feste Grundpfeiler gibt, feste Prinzipien der Ethik also, die nicht hinterfragt werden können. Weiter haben wir über eine spezifisch christliche Ethik nachgedacht.

Wir haben gesehen, dass in früheren Zeiten der Glaube vorgeherrscht hat, dass das Wissen um das rechte Verhalten im Menschen naturgemäß angelegt ist. Man hat es so ausgedrückt, dass es „ins Herz geschrieben" ist. Im allgemeinen Sprachgebrauch redet man von „Naturrecht". Natürlich hat man dieses später kritisch hinterfragt, weil man gesehen hat, dass auch das „Recht des Stärkeren" zu diesem gehört, wie es im Tierreich am deutlichsten zutage tritt. Als sittliches Wesen, das wir sind, konnte man diesen Gedanken nicht stehenlassen. Man beschloss daher, dass man die Vernunft über dieses Recht stellen müsse. Eigene Überlegungen sollten nun die Grundlage sein. Heute nennt man dieses formulierte Gesetz „Positives Recht".

Aber auch hier merkte man, dass die Vernunft nur der Diener einer bestimmten Absicht ist. So bediente sich jeder Staat seiner eigenen Moral. Ein diktatorischer Staat bildete andere Gesetze als ein demokratischer. Man musste also feststellen, dass die Vernunft an sich nicht unfehlbar ist und kein absoluter Grund für eine Ethik sein kann. Ist Moral also etwas Beliebiges? Gibt es keinen festen Grund für unser Handeln? Kann man im Grunde machen, was man will, wenn es nur begründet werden kann? Selbst wer diese Aussage bejahen würde, müsste eingestehen, dass er einen Mord beispielsweise oder Diebstahl, wenn es ihn selbst betrifft, nicht gutheißen kann. Bei einer direkten Konfrontation mit dieser freien Ethik muss jeder sehen, dass dies auch nicht der Weisheit letzter Schluss sein kann. Es muss doch etwas Tieferliegenderes, Festeres geben, etwas Absolutes also, auf das man jede Handlung beziehen kann.

Also haben wir uns nochmal die Frage gestellt, ob man nicht wissenschaftlich unser Unterbewusstsein untersuchen kann, ob also an der Aussage, dass das Wissen um Gut und Böse ins Herz geschrieben sei, etwas Wahres dran ist. Wir sahen, dass man mit wissenschaftlichen Geräten wie einem Lügendetektor die körperlichen Reaktionen messen kann, wenn ein Proband lügt, betrügt oder irgendwie anders unmoralisch handelt. Das Herz schlägt heftiger, der Kreislauf reagiert und so weiter. Man muss also feststellen, dass tatsächlich unser Herz Bescheid weiß um das Gute und Böse. Es ist also tatsächlich etwas in unser Herz „geschrieben". Wir können somit zumindest von einem Indiz sprechen, dass es etwas Absolutes in Puncto Ethik gibt. Ein Beweis ist es freilich nicht. Wir erkannten weiterhin, dass unser „Herz", bzw. Unterbewusstsein deshalb so reagieren könnte, weil es erzogen oder manipuliert wurde.

Heute neigt man zu der Annahme, dass der Mensch als Neutrum auf die Welt kommen würde und sein Verhaltenscodex nur anerzogen sei. Dass diese Theorie nur in geringem Maße stimmt, ist wissenschaftlich belegt, da jedes Baby nachweislich bereits nach der Geburt bestimmte genetische und psychische Charaktereigenschaften hat. Aber man weigert sich vehement, den verlockenden Gedanken einer absoluten Freiheit und Neutralität aufzugeben. Immerhin bezweifelt niemand, dass unser Verhalten im Laufe der kindlichen Entwicklung später durch Eltern, Kirchen, Staat, Gesellschaft etc. geprägt wird. In der Psychologie spricht man von „Eltern-ich". Jeder Mensch ist in seiner Persönlichkeitsentfaltung deshalb aufgefordert, sich von dieser Beeinflussung frei zu machen und sich zu einem sogenannten „Erwachsenen-ich" zu entwickeln.

Allerdings sahen wir, dass die dahinterliegende Vorstellung, dass eine voll entwickelte, erwachsene Person auch weitestgehend weiß, was richtig ist, bezweifelt werden werden muss. Denn sie kann durchaus noch egoistisch und unmoralisch handeln; nur hat sie den Vorteil, dass sie ihr Handeln nun logisch untermauern und rechtfertigen kann. Die Vorstellung also, dass eine reife, voll entwickelte Persönlichkeit, die zu ihrem Erwachsenen-ich vorgedrungen ist, nun deshalb zugleich auch eine moralisch vollkommene sei, musste fallengelassen werden. Auch das eigene Selbst ist somit nicht als Grund einer absoluten Ethik anzusehen.

Wo aber kann man diesen Grund denn sonst noch finden, wenn nicht in uns selbst, in unserer Vernunft, unseren Gefühlen, unserer Reife? Gibt es etwas noch Höheres, noch Absoluteres als uns Selbst? Müssen wir nun doch den Schluss zulassen, dass man den religiösen Schriften einen höheren Rang zugestehen muss? So hat Jesus das gesagt, was später der deutsche Philosoph Immanuel Kant als den „Kategorischen Imperativ" bezeichnet hat, („alles nun, was ihr wollt, dass euch die Leute tun, das tut ihnen zuvor" Mt.7,12) und vor ihm Augustinus, dass Liebe der Maßstab aller Handlungen sei.

Aber wir haben feststellen müssen, dass auch Liebe nicht unfehlbar ist. Es gibt fehlgeleitete Liebe, wie „Stalking" oder Gutestun auf Kosten anderer, wie es beim sogenannten „Gutmenschen" der Fall ist. Liebe ohne korrigierenden Grund kann deshalb auch keine Lösung sein. Diese Korrektur sah Jesus darin, dass Liebe die Vernunft braucht, damit sie keine Gefühlsduselei bleibt. Er sprach von Ethik der Sanftmut einer Taube und der Schlauheit einer Schlange. Er machte aber auch darauf aufmerksam, dass die Kraft zu einem guten Handeln nicht vom Menschen ausgehen könne, sondern dass sie von Gott kommen muss. Gott, der Nächste und ich selbst sind die drei Ausrichtungspunkte einer wahrhaftigen Ethik. An ihm wird deutlich, dass man nicht umhin kommt, eine religiöse Überlegung hinzuzuziehen.

Bei jeder religiösen Deutung der Ethik begegnet man der Frage, ob zum Guten auch das Böse gehört. So fasziniert schon die Antwort des Verführers in Goethes „Faust", die besagt, dass Gutes tun, Böses schafft und Böses tun, das Gute, weil beide zusammengehören, wie bei einer Photographie nichts gesehen werden kann, wenn es nicht zum Schwarzen das Weiße und umgekehrt geben würde. Gut und Böse seien also relative Begriffe. Und wenn sie zusammengehören, kommt man zu dem Schluss, dass jede Moral unvollkommen sei und letztlich vielleicht sogar überflüssig. Diese Aussage, so mussten wir uns eingestehen, ist sogar wahr - und ebenso gefährlich, weil ein Umkehrschluss auf einmal zulässt, dass Böses tun ethisch vertretbar sei - allerdings gilt das nur, wenn es nur dieses Leben gäbe, in dem wir uns befinden.

Alle Religionen aber sind der Überzeugung, dass das Leben mehrdimensional ist. Das bedeutet, dass eine Ethik nicht nur von dieser dualistischen Welt (horizontales Weltbild) abgeleitet werden darf, sondern dass ihre Begründung von einer anderen Dimension bestimmt sein muss. Wir sprachen deshalb von der Notwendigkeit der Annahme einer vertikalen Welt. Zur Horizontale gehört eine Vertikale. Ohne diese Ergänzung haben wir ein einseitiges Weltbild und ein solches kann nur eine einseitige und unvollkommene Ethik hervorbringen.

Bei der Frage nach dem Guten müssen wir also konstatieren: Es gibt neben dem relativen Guten (zu dem auch das Böse gehört) ein absolutes Gutes, zu dem es keinen Gegensatz gibt. Dieses bezeichnet die Religion als Gott und die Philosophie als absolute Wahrheit. Das Ziel der religiösen Ethik, so sagten wir, muss dieses Absolute sein. Und wenn das nicht nur ein gedankliches Konstrukt oder Hirngespinst ist, dann muss dieses Ziel sich auch bemerkbar machen, wenn wir uns ihm nähern. Dann muss sich das Absolute als Glücksgefühl äußern. Anhand unserer mehr oder weniger der Wahrheit zugewandten Haltung und Handlung muss das Glück oder Vollkommenheitsgefühl zunehmen oder abnehmen. Hierfür verwiesen wir auf die „Ebenen des Glücks", die entweder tierisch, geistig oder spirituell ausgerichtet waren (Trinitarische Ethik).

Wir haben weiterhin darauf aufmerksam gemacht, dass das umfassende Leben mehrschichtig ist. Denn für jede Lebensform gibt es eine eigene Bestimmung und Zielrichtung, also einen Plan. Vom Einzeller, über die Pflanzen und Tiere bis hin zum Menschen hat jede Lebensform ein anderes Bewusstsein und, wenn man so will, eine andere „Ethik", denn jedes hat andere Lebensaufgaben. Eine Biene muss andere Dinge tun als ein Mensch, um ihrem Lebensplan gerecht zu werden. Andersherum, wenn ein Mensch leben würde wie ein Tier, so könnte er das tatsächlich auch (was vorkommen soll), aber das ist nicht seine Bestimmung. Diese ist höherer Art, wie niemand bezweifeln kann.

Die menschliche Entwicklung, so wie sie jetzt ist, ist aber noch nicht an ihrem Ziel angelangt. Menschliches Sein ist nicht statisch, es muss sich entfalten, vom Egoismus bis hin zur göttlichen Vollkommenheit. **Hier liegt der eigentliche Sinn seiner Ethik.**

Denn wenn das jetzige Menschsein noch nicht seine Vollkommenheit erreicht hat, dann ist das richtige Verhalten auf sein absolutes Ziel hin elementar wichtig. Deshalb formulierten wir die „Stufen der religiösen Ethik".

Neben der allgemeinen und religiösen Ethik kamen wir schließlich auf die genuin christliche Ethik zu sprechen. Ihr Fundament ist das Vorbild Jesus Christus. Wir besprachen sein Gottesbild und betrachteten sein Wirken und Handeln.

Dabei sahen wir, dass seine Ethik trinitarisch gestaltet ist. Sie richtet sich also nicht nur auf den Menschen (wie es in modernen Ethiken ist), sondern geht zuerst von Gott aus, dann erst betrachtet sie den Menschen, und zwar den Nächsten und dann das eigene Selbst. So wie Jesus zuerst in die Wüste ging und die Nähe Gottes suchte, bevor er sich heilend und predigend den Menschen zuwandte, so ist seine Ethik auch primär von Gott her zu verstehen. Sein Gottesdienst richtet sich an den Gott der Schöpfung, den Gott der Geschichte und den Gott in uns als Heiliger Geist, also an den einen dreifaltigen Gott. So wie Gott ein Dreifaltiger ist, sind wir Menschen es auch.

Wir sind sowohl Körper, Seele und Geist. Bei der Ethik unserem Nächsten gegenüber und uns selbst gegenüber muss das berücksichtigt werden. Was der Mensch braucht als Körperwesen ist etwas anderes als was er benötigt als Seelen- und Geistwesen. Eine Handlungsbegründung und Handlungspraxis muss das berücksichtigen, sonst kann keine Ethik allumfassend sein.

Alles in der Ethik ist trinitarisch:

Es gibt die „Allgemeine Ethik", die „Religiöse Ethik" und die „Christliche Ethik"; es gibt „Gottvater", „Gottsohn" und „Gottheiligergeist"; es gibt den „körperlichen" den „seelischen" und den „geistigen Menschen"; es gibt „tierische", „menschliche" und „göttliche Seinsebenen"; es gibt „den „Nächsten neben mir", den „Nächsten meines Landes" und den „Menschen anderer Länder und Kulturen".

Wir sahen, dass die Begründung der Ethik, also die Frage, ob man Gutes tun soll oder nicht, kein philosophisches und somit nur theoretisches Gedankenspiel ist, sondern dass sie jeden angeht, weil sie nicht nur auf „den Anderen" gerichtet ist, sondern zutiefst „mit mir" zu tun hat. Mein Handeln bestimmt mein eigenes Leben! Was ich denke und tue prägt meine Seele.

Wer andere schädigt, schädigt sich selbst. Wer anderen Gutes tut, tut sich selbst Gutes.

Jeder weiß das, wenn er in sich geht und seine Gefühle befragt. Denn er ist kein separates Lebewesen im Universum, das absolut und frei ist.

Der Mensch ist eingebunden in eine kosmische

Ordnung (geistig und materiell), er ist Teil von ihr und sie ist Teil von ihm. Sie ist als Instinkt in uns lebendig, durch den jeder empfinden kann, was „in Ordnung" ist. Jeder kann an diese andoggen, wenn er zur Ruhe kommt und sich auf sie einlässt. Diese kosmische Ordnung kann man als göttlich bezeichnen oder sie weltlich betrachten. Aber kein vernünftig denkender Mensch – sofern er noch ein intaktes Gefühlsleben hat – kann eine universale Anbindung leugnen. Dazu braucht er noch nicht mal religiös zu sein. Und mal ehrlich: Braucht es noch mehr Beweise für eine Ethik? Diese allgemeine, religiöse und christliche Ethik kann so zusammengefasst werden: **Alles, was ihr den anderen tut, das tut ihr letztlich euch an.** Denn jede Tat prägt sich in eure Seele ein und bestimmt euer zukünftiges Leben. Jede böse Tat beschmutzt die Seele, wie jede gute Tat die Seele reinigt. Es ist ein Naturgesetz! Wir können ihm nicht entfliehen. Wir können sein Gewahrwerden versuchen zu betäuben, können die Augen verschließen und davon wegrennen. Am Ende des Lebens aber wird uns vor Augen gehalten, was wir getan haben und wir müssen Rechenschaft darüber ablegen, wenn vielleicht auch nur vor uns selbst. Aber es wird schmerzlich sein. **Ethik ist also letztendlich keine relative Sache für Spezialisten, sondern sie geht uns alle an, jeden von uns. Denn niemand ist losgelöst vom Universum, unser seelisches, geistiges und schließlich ewiges Leben hängt davon ab!** Summa summarum lassen sich also folgende Prinzipien für eine Ethik erstellen. Für die <u>Allgemeine Ethik</u> gilt: Das Wissen um Gut und

Böse ist dem Menschen ins Herz geschrieben oder modern psychologisch ausgedrückt: Es ist im Kollektiven Unbewussten als Archetypus vorhanden. Technische Geräte, wie ein Lügendetektor können dies mithilfe elektrischer Hirn- und Herzströme messen. Für die <u>Religiöse Ethik</u> gilt: Neben dem relativen Wissen um Gut und Böse gibt es ein Wissen vom Absoluten. Das relative Wissen ist vernunftgesteuert. In ihr gibt es die Dualität der Gegensätze. Das absolute Wissen ist von der Seele gesteuert. Es berührt somit eine tiefere Schicht im Menschen. Diese Seele ist das Bindeglied zwischen dem Absoluten (also Gott) und dem Relativen (unsere Vernunft). Sie macht sich in dem o.g. Herzen bemerkbar. Zwar kann die Seele verunreinigt werden durch falsche Erziehung (Eltern-ich) oder durch egoistische Rechtfertigung (Erwachsenen-ich), aber bei tiefer Meditation oder Besinnung kann die tiefe seelische und absolute Gewissheit um das richtige Verhalten erahnt werden (das reife, bzw. spirituelle Erwachsenen-ich).
Für die <u>christliche Ethik</u> gilt: In Jesus Christus hat der Gläubige das Vorbild für seine Ethik. Das bedeutet, dass der Christ aufgerufen ist, so zu werden wie er. Das Ziel ist „Vergottung" und „Heiligkeit", oder anders ausgedrückt: „Vollkommenheit" und „Ganzheit". Der Mensch hat - anders als das Tier, das seiner Art gemäß vollkommen ist - seine endgültige Entwicklung noch nicht abgeschlossen. Es ist ihm zwar erlaubt, zu leben wie ein Tier, aber es ist nicht seine endgültige Bestimmung. Wer glaubt, dass der Mensch nur ein biologisch-tierisches und materielles Wesen sei, der verkennt seine eigentliche Bestimmung.
Er braucht für diesen Weg zum Ziel die richtige Ethik,

die richtige Anweisung.
Sie lautet:
1. Höre auf dein Herz.
2. Höre auf deine Seele.
3. Nimm Christus zum Vorbild.
4. Dein Handeln soll bestimmt sein von Empathie (Mitgefühl für alle Geschöpfe).
5. Dein Handeln soll bestimmt sein von dem Gedanken: Alles, was du anderen antust, das tust du dir selber an. Schlechte Taten schaden der eigenen Seele, gute Taten fördern, heilen und reinigen sie. Jede Religion kennt dieses Gesetz als „Karma" oder als „Buch des Lebens". Da der Mensch ein Wesen ist, das zur Ewigkeit bestimmt ist, wird alles, was getan wurde, seine Zukunft bestimmen.

V. Exkurs: Gottes Ethik

Vermutlich wird hier fast jeder Theologe erschrecken. Wie kann man solch einen Gedanken überhaupt wagen zu denken! Wie kann man denn von Gott her denken?! Wir verstehen ja kaum, wer wir Menschen im tiefsten Inneren sind, geschweige denn Gott! Der Unmöglichkeit dieses Unterfangens bin ich mir durchaus bewusst. Auch ich maße mir nicht an, Gottes Unermesslichkeit verstehen zu können. Aber im Sinne eines kreativen Gedankenspieles möchte ich ein Bild zeichnen, das den vorherigen Überlegungen Rechnung trägt.

Dass Gott eine Ethik haben kann, also dass Gott auch einen Verhaltenscodex haben könnte, diesen Gedanken findet man wahrscheinlich in der Menge der theologischen Schriften kaum. Immerhin haben es die christlichen Apologeten in den ersten Jahrhunderten durchaus gewagt, „von Gott her" zu denken. Heute gilt es als unredlich, denn niemand würde sich über Gott stellen wollen und meinen, Ihn verstehen zu können. Auch ich nicht! Denn auch ich verstehe Ihn nicht (vielleicht ein bisschen).

Alles, was ich hier tue, ist reine Spekulation, also ein Versuch, aus allen meinen Erfahrungen mit Ihm und aus allen religiösen Schriften, die ich in meinem Leben gelesen habe, ein Resümee zu ziehen. Immerhin ist Gott nicht im Verborgenen geblieben, sondern hat sich offenbart. In der Bibel, im Alten Testament, hat er seinen Willen durch die Propheten kundgetan, und im Neuen Testament lesen wir von seiner Offenbarung in seinem Sohn Jesus Christus. Durch ihn wissen wir, dass Gott einen Plan mit uns Menschen hat.

Also gut, beginnen wir unsere Überlegungen von Gott von ganz oben, oberhalb des Universums. Reisen wir also gedanklich dort hin!

Ausgehend von dem Planeten Erde und seinem Mond, begegnen wir zuerst unserem Sonnensystem mit der Sonne in der Mitte und ihren überschaubaren Planeten, die sie umkreisen.

Die Reise führt uns weiter in unsere Galaxie. In ihr befinden sich mindestens 100 Milliarden (!) weitere Sonnensysteme mit ihren Planeten.

Weiter hinausgehend, sehen wir, dass es unendlich viele Galaxien (man spricht von 100 bis 300 Milliarden!) im Universum gibt. Also eine unvorstellbare Größe!

Wenn man annimmt, dass es neben dem sichtbaren Bereich noch einen unsichtbaren geben soll (viele Astronomen sprechen von „Multiversen", also mehrdimensionalen Welten, und uralte religiöse Schriften bezeugen diese Vermutung), dann übersteigt das Universum bei weitem unsere Vorstellung.

Und über allem ist Gott! Nicht in dem Sinne, dass Er außerhalb davon ist und nur unbeteiligt zuschaut, was seine Schöpfung so treibt (so die Meinung des Deismus), sondern in dem Sinne, dass Er die Urkraft von allem ist, ohne die nichts entstanden wäre und ohne die nichts existieren und leben kann. In diesem Sinne ist Gott das Leben selbst. Gott ist das Leben des Sichtbaren und des Unsichtbaren und aller Dimensionen und darüber hinaus. Letzteres ist wichtig zu verstehen, denn wäre Er nur Leben an sich und nicht darüber hinaus, könnte Er nicht Schöpfer des Lebens sein. Dann wäre Er „nur" reine Natur und dann müsste man im Sinne des Philosophen Spinoza von „Pantheismus" sprechen. Zwar ist alles von Gott durchdrungen, und alles ist in

Gott und Gott ist alles in allem, aber Er ist mehr als das. Bevor irgend etwas war, gab es nur Gott. Es gab nichts außerhalb von Ihm. Denn sonst wäre das Außerhalb eine Kraft, die selbst beanspruchen könnte, Gott zu sein. Aber das war nicht so. Denn Gott ist allumfassend in Raum und Zeit und in seiner Macht und Herrlichkeit. Zwar sagt man, „Gott erschuf die Welt aus dem Nichts". Aber damit ist nicht gemeint, dass dieses Nichts etwas außerhalb von Gott wäre, im Sinne von: hier ist Gott und dort ist das Nichts. Damit will nur angedeutet werden, dass Gott vor allem war, was Er geschaffen hat. Gott beschloss also, aus sich heraus (was logisch ist, denn wenn Gott alles war, dann kann nur etwas aus Ihm entstanden sein und nicht außerhalb von Ihm) etwas zu schaffen. Wie wir wissen, ist Gott Geist, reiner Geist. Er braucht keine Hände, um etwas zu schaffen. Wie schafft also Gott? Natürlich in geistiger Weise und das bedeutet: Gott erdachte sich die Schöpfung und rief sie ins Dasein. Die Bibel formuliert es so: Gott sprach und es geschah. Und Er erschuf die Welt nach seiner Art und Weise, was bedeutet, Er schuf zuerst geistige Welten und Wesen in allen Vollkommenheiten. Zu dieser Vollkommenheit gehörte auch die Freiheit. Denn Er wollte keine Roboter erschaffen, sondern Wesen, die wie Gott selbst in allem entscheiden durften. Das waren die Engel.

Wie wir aus der Bibel wissen, wandten sich einige von Gott ab. Das hatte für sie zur Folge, dass sie nicht mehr in Seiner Vollkommenheit leben konnten. Sie entschieden sich, ein eigenes Leben zu führen und mussten deshalb in eine untere Dimension des geistigen Bereiches wechseln.

Neben den Engeln erschuf Gott auch andere Wesen. Das

waren die Menschen. Auch sie waren anfangs von vollkommener Art. Sie waren zwar nicht nur Geist, wie die Engel, sondern sie hatten einen Körper. Aber dieser war nicht von der unvollkommenen Art, wie wir heute einen haben, der krank, alt und gebrechlich werden kann; auch kannte er keinen Schmerz, denn er war nicht fleischlich wie er es heute ist. Der Mensch lebte in einer anderen Dimension, genannt Himmel oder Paradies.

Auch sie hatten Willensfreiheit. Und so geschah es, dass auch sie sich verführen ließen und den falschen Versprechen derer, die sich von Gott abgewandt hatten, folgten. Und so wurden auch sie aus ihrer eigentlichen Heimat im Paradies vertrieben und bekamen einen anderen Ort zugewiesen. Dieser Ort war im Grunde gar kein anderer, aber da sie nun in einer anderen Dimension lebten, kam es ihnen so vor. Denn nun waren ihre Leiber von fleischlicher Art, und ihr Dasein mussten sie mit Mühe, Arbeit und Schmerz erkämpfen (siehe Gen.3,16ff).

Von nun an waren sie Heimatlose. Und das gilt bis heute. Wir sind die Nachkommen dieser Menschen. Jeder, der in sich geht, spürt diese Heimatlosigkeit. Zwar haben sich viele Menschen mit ihrem Dasein arrangiert und ihr tiefstes Gefühl der Unvollkommenheit mit Ablenkungen und Unterhaltungen jeglicher Art überspielt. Jedoch fällt jeder in dieses Loch der Fremde, wenn er keine Möglichkeit mehr hat, sich zu betäuben.

Viele Menschen fragen bei Schicksalsschlägen: Warum lässt Gott das zu? Wäre er ein liebender Gott, dann würde Er uns immer helfen, dann gäbe es kein Leid und keinen Schmerz.

Diese übersehen aber, dass wir nicht mehr im Paradies

leben. Gott wollte immer für uns da sein und uns vor allem Leid bewahren. Er hat kein Lebewesen erschaffen, damit es leidet. Nein, Er wollte seine Herrlichkeit und Liebe mit uns teilen. Und so war es auch anfangs. „Es war alles sehr gut" (Gen.1,31). Nun aber leben wir in Gottesferne. Im Paradies konnte Er uns nah sein. Hier in der Fremde haben wir Schwierigkeiten, Ihn zu sehen oder zu erfahren. Zwar ist Er immernoch da, jedoch erschwert unser grobstoffliches Dasein und Denken diese Wahrnehmung. Und es ist nicht dieses Grobe allein, es ist das, was die Bibel Sünde nennt.

Sünde hat zwei Bedeutungen. Einerseits bezeichnet sie den gottfernen Zustand dieser Dimension, in der wir jetzt leben – das wird in der Theologie Erbsünde genannt – und zweitens ist sie eine gedankliche und tatsächliche böse Tat.

Durch unsere Gedanken und Taten tun wir ein Zusätzliches, um zu verhindern, Gott zu erfahren. Zwar leben wir in Gottesferne durch die Abwendung unserer Vorfahren, was schon schlimm genug ist, aber durch unsere Sünden verstärken wir diesen Zustand noch mehr.

Die Lage scheint hoffnungslos. Ist sie aber nicht. Denn es ist keinesfalls so, dass Gott möchte, dass wir in der Unvollkommenheit bleiben. Dieses Dasein hat einen Zweck und der besteht darin, dass wir hier etwas lernen sollen.

Dieses Leben ist Gottes Pädagogik. Hier werden wir mit unseren Taten konfrontiert, welche eine Auswirkung haben. Hier können wir in Freiheit (was wir ja wollten) leben, wie wir es für richtig halten – müssen aber auch die Konsequenzen dafür tragen. Müssen also viel erleiden, weil wir umgeben sind von Menschen, die ihre Freiheit auf Kosten anderer ausleben, müssen viel leiden, weil auch wir Fehler begehen, die oft schmerzhaft sind. Unser ganzes Umfeld ist von diesen Unvollkommenheiten geprägt. Die Freiheit hat ihren Preis! Aber es geht nicht um Freiheit an sich. Es geht um die Freiheit als Abkehr von Gott. Freiheit an sich ist gut. Aber sie muss in Verantwortung vor dem Willen Gottes geschehen, welche das Wohl aller Lebewesen im Blick hat.

Gott möchte, dass wir zu Ihm zurückkehren und dort besteht die Freiheit weiterhin, aber in Gottes Gegenwart.

Die Ethik Gottes, so könnte man sagen, besteht darin, uns zu erziehen, indem er uns unsere eigene Erfahrung machen lässt. Und sie besteht darin, dass er sich uns wieder zuwendet und uns ermöglicht, den Rückweg zu unserer eigentlichen Heimat anzutreten. Diese Zuwendung geschah durch seinen Sohn Jesus Christus.

Sie bestand aber nicht nur in den drei Jahren, in denen Jesus gelehrt und gewirkt hat, sondern sie besteht auch heute noch. Nach christlichem Verständnis ist Jesus nach seinem gewaltsamen Tod auferstanden und später in den Himmel aufgefahren, wo er auf geistige Art weiterlebt. Im Gebet dürfen wir ihn anrufen und um Hilfe bitten. In ihm und in den Heiligen, so wie seiner jungfräulichen Mutter (wie besonders Katholiken glauben) will Gott uns nahe sein.

Aber Gott ist auch direkt bei uns gegenwärtig. Er ist ja auch heute noch allgegenwärtig. Wäre Er es nicht, würde alles Leben sofort aufhören zu sein. Im Gebet können wir uns an Ihn wenden, auch wenn wir Ihn nicht sehen, Er sieht uns.

Gott handelt und Er tut etwas für uns. Er hat einen Plan für uns. Er liebt uns und Er will, dass wir uns im Gebet für Ihn öffnen, damit Er an uns handeln kann. Ohne diese Öffnung will Gott nicht handeln. Denn Er will nicht gegen unseren Willen an uns etwas tun. Aber Er möchte es. Somit darf man durchaus von einer Ethik Gottes sprechen. Wie Sein Name schon verrät, ist Er ein handelnder Gott („Jahwe" heißt sinngemäß „Ich bin der Handelnde").

Die einzelnen Taten von Ihm sind unterschiedlich. An jedem Menschen handelt Er anders. Oft fragen wir: Warum hilft Gott diesem, aber nicht mir? Warum muss ich dieses erleiden ein Anderer aber nicht? Das hängt mit unserer eigensten Entwicklung zusammen. Jeder Mensch ist anders. Was dem Einen gut tut, kann einem Anderen schaden. Nur in einem dürfen wir gewiss sein, dass alles, was Gott für uns tut, ein bestimmtes Ziel hat, nämlich, uns so zu formen, dass wir den Rückweg zu Ihm antreten können.

Noch einmal: Gott hat ein Ziel, Er will uns wieder bei Sich haben. Und Er tut alles dafür.

Die gesamte Bibel berichtet davon, wie Gott sich uns zuwendet und uns von verkehrten Lebenswegen warnen und wegführen will. Durch die Propheten teilte Er uns seinen Willen mit. Der letzte Prophet vor dem Auftreten Jesu Christi war Johannes. Er sprach davon, dass Gott den verheißenen Messias (ins Griechische übersetzt heißt das Christus) senden wird und dass wir Menschen umkehren sollen von unseren Wegen und uns Gott wieder zuwenden sollen, damit Er uns in Sein Reich wieder aufnehmen kann. Jeder, der willentlich durch die Taufe und Bekehrung sich Gott zuwendet, dem ist verheißen, jetzt schon und in Zukunft Teil zu haben, an

Seiner Herrlichkeit.

Jetzt, in diesem Leben der Unvollkommenheit können wir oft noch nicht direkt und unmittelbar spüren, dass wir durch dieses Ja-sagen zu Gott bereits nicht mehr „Kinder dieser Welt" sind, sondern „Kinder Gottes". Manche Menschen spüren es sofort und manche erst nach zunehmender Glaubenserfahrung, dass sie verändert sind. Denn Gott will nicht nur in Zukunft für uns da sein.

VI. Biblische Urkunden der Ethik

Vorüberlegung

Die Bibel ist das schriftliche Fundament des christlichen Handelns. Die Frage dabei kreist immer um den Zusammenhang von „Gesetz und Evangelium". Damit ist gemeint, ob die Gebote Gottes, die er den Menschen früher – zur Zeit des Alten Testamentes – für den Christen ab der Zeit Jesu – immernoch gelten. Oft wird gesagt, früher musste man die Gebote halten, jetzt aber durch den neuen Bund, den Gott mit Jesus Christus geschlossen hat durch das Geschehen am Kreuz, gilt das nicht mehr. Von einer Gesetzesethik seien wir nun übergegangen zu einer Herzensethik oder Situationsethik.

Man kann auf diesen Gedanken kommen, wenn man sieht, wie Jesus selbst die Gesetze Gottes interpretiert. Er selbst hält sich nämlich nicht unbedingt an diese Gesetze, wenn er zum Beispiel am Sabbat Kranke heilt oder umherziehend mit den Jüngern aus Getreidefeldern Ähren pflückt, um etwas zu essen zu haben. Auf der anderen Seite sagt Jesus aber auch, dass er nicht gekommen sei, die Gesetze aufzulösen (Mt.5,17).

Man könnte auch sagen, dass sich die beiden Kirchen, die katholische und evangelische, darin unterscheiden. Erstere interpretiert die Gesetze Gottes eher so, dass sie auf jeden Fall eingehalten werden müssen, um die ewige Seligkeit zu erhalten; die zweite betont eher eine situationsbezogene Ethik, so dass die Gebote Gottes je nach Begebenheit jeweils neu interpretiert werden müssen. Die Gefahr besteht in der Überbetonung der jeweiligen Position. So ist einerseits das Problem einer

Gesetzlichkeit, die zu Zwang und Angst vor Gott führt, andererseits das Problem einer liberalen Beliebigkeit gegeben – falls die Gebote überhaupt noch zur Kenntnis genommen werden. In der Tat trifft man diese Positionen täglich an, wenn man kirchliche Nachrichten verfolgt. Der allgemeine Trend (der Mainstream) tendiert zu einer Kultur der Freiheit, oder soll man sagen zu einer Kultur der Ausschweifung? Die „Achtundsechziger" lassen grüßen. Und die Kirchen – zumeist die evangelischen aber auch schon die katholischen, jedenfalls in Deutschland – machen mit. Die Kirchen werden so zu einer kulturellen Instanz, die das übriggebliebene religiöse Grundempfinden irgendwie auffangen. Aber wollten wir es nicht so? Sind wir nicht vermeintlich mündig geworden und haben wir nicht die Aufklärung und Emanzipationsbewegungen erfolgreich verinnerlicht? Gewiss! Wir brauchen keine Bevormundung von der Kirche mehr. Und Jesus hat es vorgemacht.

Aber hat er das wirklich? In der Bergpredigt Jesu werden wir dieses Thema wieder aufgreifen. Hier nun sollen zuerst die alttestamentlichen Zehn Gebote vorgestellt werden.

Die Zehn Gebote

[Der fett gedruckte Satz ist der (verkürzte) Text, wie Martin Luther ihn in seinem Katechismus erwähnt. Der zweite Satz ist seine ausführliche und wörtliche Übersetzung des Bibeltextes].

1. Gebot: Du sollst keine anderen Götter haben neben mir.
Ex. 20,1-6: Und Gott redete alle diese Worte: Ich bin der Herr, dein Gott, der ich dich aus Ägyptenland, aus der Knechtschaft, geführt habe. Du sollst keine anderen Götter haben neben mir. Du sollst dir kein Bildnis noch irgendein Gleichnis machen, weder von dem, was oben im Himmel, noch von dem, was unten auf Erden, noch von dem, was im Wasser unter der Erde ist: Bete sie nicht an und diene ihnen nicht! Denn ich, der Herr, dein Gott, bin ein eifernder Gott, der die Missetat der Väter heimsucht bis ins dritte und vierte Glied an den Kindern derer, die mich hassen, aber Barmherzigkeit erweist an vielen Tausenden, die mich lieben und meine Gebote halten.

2. Gebot: Du sollst den Namen Gottes nicht vergeblich führen.
Ex.20,7: Du sollst den Namen des Herrn, deines Gottes, nicht missbrauchen; denn der Herr wird den nicht ungestraft lassen, der seinen Namen missbraucht.

3. Gebot: Du sollst den Feiertag heiligen.
Ex.20,8-11: Gedenke des Sabbattages, dass du ihn heiligest. Sechs Tage sollst du arbeiten und alle deine Werke tun. Aber am siebten Tag ist der Sabbat des

Herrn, deines Gottes. Da sollst du keine Arbeit tun, auch nicht dein Sohn, deine Tochter, dein Knecht, deine Magd, dein Vieh, auch nicht dein Fremdling, der in deiner Stadt lebt. Denn in sechs Tagen hat der Herr Himmel und Erde gemacht und das Meer und alles, was darinnen ist, und ruhte am siebenten Tage. Darum segnete der Herr den Sabbattag und heiligte ihn.

4. Gebot: Du sollst Vater und Mutter ehren.
Ex.20,12: Du sollst deinen Vater und deine Mutter ehren, auf dass du lange lebest in dem Lande, das dir der Herr, dein Gott geben wird.

5. Gebot: Du sollst nicht töten.
Ex.20,13: Du sollst nicht töten.

6. Gebot: Du sollst nicht ehebrechen.
Ex.20,14: Du sollst nicht ehebrechen.

7. Gebot: Du sollst nicht stehlen.
Ex.20,15: Du sollst nicht stehlen.

8. Gebot: Du sollst kein falsch Zeugnis reden wider deinen Nächsten.
Ex.20,16: Du sollst nicht falsch Zeugnis reden wider deinen Nächsten.

9. Gebot: Du sollst nicht begehren deines Nächsten Haus.
Ex.20,17a: Du sollst nicht begehren deines Nächsten Haus.

10. Gebot: Du sollst nicht begehren sein Weib,

Knecht, Magd, Vieh oder was sein ist.
Ex.20,17b: Du sollst nicht begehren deines nächsten
Weib, Knecht, Magd, Rind, Esel noch alles, was dein
Nächster hat.

Die Bergpredigt (Ethik Jesu)

In der sogenannten Bergpredigt finden wir die umfangreichste, in einem Block zusammengefasste Rede Jesu. Sie umfasst drei Kapitel im Matthäusevangelium (Mt.5-7). Das Lukasevangelium kennt diese Rede auch. In ihm wird sie aber kürzer gefasst. Es bezeichnet sie als Feldpredigt. (Lk.6,17-49). Manche meinen in der örtlichen Beschreibung bestehe ein Widerspruch – das nur am Rande erwähnt! Denn Lukas spricht von einem Feld, Matthäus aber von einem Berg. Betrachtet man allerdings den Bericht des Lukas von Vers 12 ausgehend, wird klar, dass Jesus vorher auf einem Berg ist, nun aber etwas herabsteigt und ein offenes Feld betritt.

Wer einmal am sogenannten Berg der Seligpreisungen (so nennt man diesen Berg heute) in Israel war, dem wird vieles klar. Vom See Genezareth aus gesehen, erscheint die Ebene als Berg. Kommt man von oben her gewandert, erscheint uns das etwas hügelige Gebiet wie eine Ebene, bzw. wie ein großes freies Feld, wo sich viele Menschen lagern können.

Der grobe Aufbau der Bergpredigt:
1. Seligpreisungen (5,1-12):
    Hier wird denen das Heil zugesprochen, die Mangel leiden oder verfolgt werden, ebenso denen, die friedfertig sind und ein reines Herz haben.
2. Zuspruch (5,1-16).
    Jesus bezeichnet die Hörer seiner Worte als Salz und Licht.

3. Die Bedeutung des Gesetzes (Gottes Gebote) (5,17-20).
Jesus ist nicht gekommen, um Gottes Weisungen aufzulösen, sondern sie zu vertiefen.

4. Jesu Ethik (5,21-7,12):
   a. Jesus zitiert das 5. Gebot: „Du sollst nicht töten".
   b. Jesus zitiert das 6. Gebot: „Du sollst nicht ehebrechen".
   Beide Gebote radikalisiert er bis auf seinen psychischen Grund, wobei schon der Gedanke an die Tat beginnt, gegen das Gebot zu verstoßen.
   c. Jesus zitiert andere Gebote Gottes: 3.Mos.9,12: „Du sollst keinen falschen Eid tun und dein Versprechen vor Gott halten" (verkürzt).
   Hier verbindet er gedanklich das 2.Gebot (Du sollst den Namen Gottes nicht missbrauchen) und das 8.Gebot (Du sollst nicht lügen).
   d. Jesus zitiert 2.Mos.21,24: „Auge um Auge, Zahn um Zahn". Das Gesetz, das Gott für die Gesellschaft gegeben hat, damit es gerecht untereinander zugehe, deutet Jesus um zu einer privaten Ethik, bei der es darum geht, nicht mit gleicher Münze zurückzuzahlen.
   e. Jesus zitiert 3.Mos.19,18: „Du sollst deinen Nächsten lieben und deinen Feind hassen".
   Im alttestamentlichen Text steht nichts von Hassen des Feindes. Jesus zitiert das aber trotzdem so, weil viele dieses Gebot einseitig verstehen, in dem Sinne, dass Nächstenliebe gleichbedeutend ist mit

Hass des Feindes.

Interessant ist das Gebot, das Jesus nur hier in der Bergpredigt sagt: „Darum sollt ihr vollkommen sein, wie euer Vater im Himmel vollkommen ist". In diesem Zusammenhang wird man das so verstehen dürfen, dass wir über die Menschen so denken sollen, wie Gott es tut: Er liebt alle.

f. Unsere Frömmigkeit:
Sie soll im Verborgenen geschehen. Dazu gehört das Beten (Vaterunser) und das Fasten.

g. Schätze sammeln:
Wir sollen keine Reichtümer in dieser Welt anhäufen. Unser Schatz soll im Himmel sein.

h. Sorgen:
Wir sollen uns nicht um unser Leben sorgen. Wenn wir auf Gott schauen, wird er auch für uns sorgen.

i. Richtet andere nicht.
Wir sollen andere Menschen nicht verurteilen. Unser Urteil ist der Maßstab, den Gott an uns setzen wird.

j. „Ihr sollt das Heilige nicht den Hunden geben und eure Perlen nicht vor die Säue werfen..."
Unseren Glauben sollen wir sorgsam hüten und dort, wo zu erwarten ist, dass man ihn absichtlich missverstehen wird, sollen wir vorsichtig sein mit unseren Worten.

k. „Bittet, so wird euch gegeben"
So wie wir anderen helfen, wenn sie uns eindringlich um etwas bitten, so wird auch Gott uns helfen, wenn wir ernsthaft bitten.

l. Zusammenfassung seiner Rede (7,12): „Alles nun,

was euch die Leute tun, das tut ihnen auch, das ist das Gesetz und die Propheten".
Die Ethik Jesu ist hier auf einen Punkt gebracht. Wer immer nur auf die Gesetze Gottes schielt und befürchtet, nicht alles richtig zu machen, der besinne sich auf diesen Vers. Wer ihn beachtet, der macht im Prinzip alles richtig. Aus diesem Spruch Jesu hat der Philosoph Immanuel Kant den „Kategorischen Imperativ" entwickelt. Jedoch ist bei ihm nur das Verhalten der Menschen untereinander gemeint. In der gesamten Bergpredigt ist eindeutig zu erkennen, dass es auch um das Verhältnis zu Gott geht.

m. Warnungen vor falschen Propheten und falschen Lehren.
„An ihren Früchten sollt ihr sie erkennen" (7,13-29).

Die Gebote der Bibel insgesamt

Anhand der „10 Gebote" und der „Bergpredigt" haben wir sehen können, dass die Ethik in der Bibel eine große Rolle spielt. Allein in den 5 Büchern Mose (Tora) gibt es 613 Gebote, die von frommen Juden eingehalten werden müssen. Wir Christen kennen in der Regel nur die Zehn Gebote. Und die machen uns schon viel zu schaffen. Diese Gebote sind aus dem Alten Testament und nicht wenige meinen, weil sie nicht aus dem Neuen Testament sind, also weil sie von Mose sind und nicht von Jesus, sind wir nicht an sie gebunden. Das ist aber falsch.

Eine christliche Organisation (Christian Assemblies Europe) hat sich mal die Mühe gemacht und das Neue Testament diesbezüglich untersucht. Jetzt wird jeder staunen! Es sind 1050 (!) Gebote. Gliedert man diese in Themenbereiche, dann sind es immernoch 69 Themen. Warum sollten also so viele Gebote im Neuen Testament stehen, wenn sie nicht mehr gültig sein sollen?!

Es handelt sich hierbei um Ermahnungen und Warnungen, Aufforderungen, Zurechtweisungen, Ermutigungen, aber auch Aufforderungen zur Freude, zum Glauben oder zum Nachdenken.

Bei all dem wird eine Intention deutlich, nämlich, dass die Bibel als das Wort Gottes nur ein Interesse hat, nämlich uns zu leiten und zu führen. Anders ausgedrückt: Gott hat dieses Interesse, nicht ein Buch. Hier wird also deutlich, das es sich bei den Geboten nicht um Gängelung oder Bevormundung oder gar Unterdrückung geht, sondern um Fürsorge.

Bei allen Diskussionen um die Gebote, angefangen

schon bei Martin Luther, sieht man allzugern in ihnen etwas Negatives. So hat Luther an ihnen gesehen, dass er sie nicht einhalten kann. Das hat ihn im Glauben erschüttert. Denn er war der Meinung, dass jeder, der nicht allen Geboten folgen kann, von Gott verworfen würde. So fand er Trost beim Lesen der neutestamentlichen Briefe des Apostel Paulus, wo er sagt, dass wir Christen nicht mehr unter dem Gesetz stehen (Röm.6,14), sondern zur Freiheit berufen sind (Gal.5,13). Das hat ihn Gottes Gebote wieder richtig sehen lassen, als das, was sie sind, nämlich Hilfen zur rechten Lebensgestaltung.

In der Neuzeit hat man diese Kritik an den Geboten allerdings gründlich missverstanden. Man zitierte Martin Luther einseitig und in der Interpretation der paulinischen Briefe im Neuen Testament betonte man ziemlich einseitig das Thema „Freiheit vom Gesetz", von dem Paulus so viel geschrieben hat.

Das wird sehr deutlich an kirchlichen Positionen zu gesellschaftlichen Themen. Tun und lassen zu können, was man will, ist Freiheit. Und Freiheit ist absolut positiv belegt. Wer etwas gegen sie sagt, ist gesellschaftlich geächtet oder wird verdächtigt, einer bestimmten politischen oder sektiererischen Richtung anzugehören. Und so wagen es viele Prominente der Kirche nicht, auf die Ermahnungen der Bibel hinzuweisen, zum Teil aus Furcht, zum Teil aus falsch verstandener Moralauffassung und Missdeutung neutestamentlicher Zitate.

Paulus hat von Freiheit gesprochen, aber er war weit davon entfernt, sie als absolut anzusehen. Wörtlich sagt er, nachdem er von der „Freiheit vom Gesetz" (Röm.6,14) gesprochen hat: „Was nun, sollen wir sündigen, weil wir nun nicht mehr unter dem Gesetz, sondern unter der Gnade stehen? Auf keinen Fall!" (Röm.6,15). Ebenso: „Haltet euch der Sünde für tot...so herrsche nun nicht die Sünde in eurem sterblichen Leib, dass er seinen Begierden gehorche; stellt auch nicht eure Glieder der Sünde zur Verfügung..." (Röm.6,11-13).

Kann man es noch deutlicher sagen? In all seinen Briefen zeigt Paulus, dass er nicht die christliche Ethik abschaffen, sondern sie ins rechte Licht rücken will. Gott hat seine Weisungen nicht aufgestellt, um uns zu unterdrücken oder unfrei zu machen. Gott hatte eine konkrete Absicht mit der Gabe der Gebote.

Vom Sinn der Gebote Gottes

Als der Mensch noch in Gemeinschaft mit Gott lebte, brauchte er keine Gebote. Er tat auf natürliche Weise das Richtige.

Als er aber verführt wurde und sich dadurch von Gott abwandte, kam er in einen Bereich, wo es nicht mehr so einfach war, zu erkennen, was richtig und falsch ist. Sehr oft musste er verkehrte Wege gehen und sich in Leid verstricken, weil er die Wahrheit nicht mehr vor Augen hatte. Immer mehr entfernte er sich dadurch weiter von Gott. Obwohl Gott den Menschen aus dem Paradies geschickt hatte, empfand er Mitleid und gab seinem Propheten Mose Anweisungen (die 10 Gebote) über das gute Verhalten. Dadurch sollte es den Menschen möglich werden, sich im Dickicht des Lebens zurecht zu finden und unnötiges Leid durch falsches Verhalten zu vermeiden.

Die Gebote, die er Mose gab, waren zunächst nur für sein Volk gedacht. Sie umfassten als erstes die 10 Gebote, die eine zusammenfassende und generelle Lebensweisung darstellten. Des Weiteren umfassten sie umfangreiche Regelungen für das Zusammenleben, welche man als „bürgerliches Gesetzbuch" betrachten könnte, in denen beschrieben wird, was erlaubt und verboten ist und wie jemand bestraft werden soll, der sich nicht daran hält. In diesem Zusammenhang entstanden Gebote wie „Auge um Auge, Zahn um Zahn". Es waren Gebote nur für dieses Volk; es ist logisch, dass andere Völker andere hatten.

Hinzu kamen Regelungen für die zwölf Stämme Israels, wie zum Beispiel das Militär gestaltet sein sollte und wer für priesterliche Dienste vorgesehen war. So musste beispielsweise der Stamm Levi die Priester stellen und war verantwortlich für den kultischen Bereich. Diese erhielten dann wiederum Gebote für die Gestaltung der Stiftshütte und Opferanweisungen.

Wir sehen also, dass die Anzahl aller Gebote der fünf Bücher Mose (die 613) stark gegliedert ist und die allermeisten nur für die gesellschaftliche und priesterliche Ordnung galten.

Als Israel dann später sesshaft wurde, galten die religiösen Anweisungen nicht mehr für die Stiftshütte, sondern für den in der Zwischenzeit gebauten Tempel.

Die Gebote, die Gott dem Mose gab, stellten einen Bund (einen Vertrag) dar. In ihm versprach Gott für sein Volk da zu sein, wenn es seine Gebote einhält. Vor Mose hatte Gott bereits mit Noah und Abraham einen Bund geschlossen. Nun aber, mit Erhalt der Gebote, erneuerte er seinen Bund mit seinem auserwählten Volk.

Als später dann der Prophet Jeremia (und andere) die Zerstörung des Tempels (was dann im Jahre 586 v. Chr. geschah) prophezeite, verwies er bereits auf eine neue Gemeinschaft mit Gott: „Siehe, es kommt die Zeit, da will ich mit dem Hause Israel und dem Hause Juda einen neuen Bund schließen" (Jer.31,31). Hier wird schon auf den kommenden Messias verwiesen (Jer.23,5f), der eine neue Ordnung Gottes bringen wird. In Jesus, dem Christus (was übersetzt heißt Messias) ist das geschehen.

Jesus spricht am letzten Tag seines Lebens vor der Kreuzigung die Einsetzungsworte seines letzten Abendmahles zu seinen Jüngern, als er ihnen das Brot reichte: „Nehmt hin und esst, das ist mein Leib". Desgleichen nahm er auch den Kelch nach dem Mahl und sprach: „Nehmt hin und trinkt; dieser Kelch ist der **Neue Bund** in meinem Blut, das für viele vergossen wird, zur Vergebung der Sünden" (Mt.26,26f).

Abendmahl und Kreuzestod als Neuer Bund Gottes

Gott hat mit Israel mehrere Bündnisse geschlossen.
Der erste Bund geschah mit Noah, nachdem er und die Seinen mit der Arche die Sintflut überlebt hatten. Zum Zeichen setze Gott den Regenbogen in den Himmel, der daran erinnern soll (1.Mos.9,9ff).
Den zweiten Bund schloss Gott mit Abraham (er hieß vorher Abram und seine Frau Sarai). Zum Zeichen des Bundes erhielt er diesen Namen und seine Frau sollte nun Sarah heißen. Das hauptsächliche Zeichen war aber

die Verheißung zahlreicher Nachkommen und das Gebot, alle männlichen Neugeborenen zu beschneiden (1.Mos.15,17f und 17,2).

Den dritten Bund schloss Gott mit Mose. Zum Zeichen gab Er ihm die Gesetzestafeln mit den Geboten (5.Mos.5,2f).

Den 4. Bund (2.Sam.7) schloss Gott mit David. Er knüpft an vergangene Verheißungen an und bestätigt sie für die Zukunft.

Der letzte Bund geschah durch Jesus Christus. Alle Bündnisse sind nun zur Vollendung und zum Abschluss gekommen. Nun gilt er für alle Völker, nicht nur für Israel wie bisher. Und Gott tut das durch seinen Sohn. Wenn Jesus selbst einen Bund schließt, dann bezeugt er damit, dass er der verheißene Stellvertreter Gottes ist und dass er als der Messias gottgleich ist.

Wie bereits bei Abraham deutlich wird und später bei Moses, spielten Opferriten eine bedeutende Rolle. Ein Tier wurde vor einem Heiligtum geschlachtet und sein Blut vergossen. Damit sollten die Sünden des Volkes stellvertretend getilgt werden. Das Tier bekam sozusagen die Strafe auferlegt, die eigentlich der Mensch verdient hätte.

Man kann darüber denken, wie man will. Vom Standpunkt des Tieres ist es wahrscheinlich sehr bedenklich. Nur am Rande bemerkt: Heute „opfern" wir um vieles mehr unschuldige Tiere in Versuchslaboren und Schlachthäusern, nachdem diese in unnatürlichen Ställen eingepfercht waren. Trotzdem bleibt die Frage bestehen, warum Gott das so wollte. Manche Theologen begründen das Tieropfer als humanen Fortschritt, weil es vorher in vielen Völkern Sitte war, Menschen zu opfern. Vielleicht hat Gott das geboten, weil die

Menschen es als Zeichen brauchten, denn außer Vieh hatte kaum jemand materiellen Besitz den er hätte opfern können. Gott schien das auch nicht sonderlich zu gefallen, wie sonst ließen sich kritische Äußerungen der Propheten wie z.b. von Jeremias verstehen: „Ich (Gott) aber habe euren Vätern an dem Tage, als ich sie aus Ägyptenland führte, nichts gesagt noch geboten von Brandopfern und Schlachtopfern, sondern dies habe ich ihnen geboten: Gehorcht meinem Wort, so will ich euer Gott sein und ihr sollt mein Volk sein..." (Jer.7,22f).

Im Neuen Bund, den Gott durch Jesus Christus nun mit der ganzen Welt geschlossen hat, bietet ER sich selbst als Opfer dar und schließt diesen Zyklus ab. Nach diesem letzten und höchsten Opfer soll es keine solche Handlungen mehr geben. Durch dieses Opfer sind die Vergehen aller Menschen (der Juden und der Heiden) getilgt. Zwar gilt es für alle, aber wie wir oben im Zitat des Matthäustextes gelesen haben, sagt Jesus, dass sein Blut für „viele" vergossen wird, weil der Bund ein Angebot ist, das bewusst angenommen werden muss. Gott drängt sich niemandem auf.

Daraus ergeben sich Konsequenzen für die Ethik. Durch den neuen Bund entstanden neue Verhältnisse. Die gravierendste Veränderung in Bezug auf Gottes Gesetz betraf die Opfergebote. In dem Opfer Jesu geschah die letzte Opferung und die hob alle bisherigen auf. Ebenso galten ab jetzt alle Kultgebote der Priester nicht mehr. Da nun der neue Bund auf die ganze Welt bezogen war, waren also auch die Gesetze, die Israel für sein Volk erhalten hatte, nicht mehr für alle anderen verpflichtend. Am deutlichsten wird das in der Frage der Beschneidung, die damals die ersten Christen sehr beschäftigt hat. Natürlich galt nun der Bund der

Beschneidung nicht mehr. Denn der war nur für Israel und gilt nicht mehr für die universale Christenheit.

Übrig bleiben im Grunde nur die Zehn Gebote und Anweisungen, wie diese zu verstehen sind. In den zahlreichen Briefen der Apostel wird das sehr deutlich.

Deutlich wird auch, dass mit dem neuen Bund durch Jesus Christus keineswegs alle Gebote (also auch die zehn Gebote) Gottes aufgehoben wurden. Im Gegenteil, wie wir gesehen haben, sagte Jesus in seiner Bergpredigt, dass nun die Gebote nicht aufgehoben, sondern zur Erfüllung gekommen sind oder anders ausgedrückt, auf ihren wahren Sinngehalt vertieft wurden.

Eine christliche Ethik ist also nicht gänzlich frei von den Geboten. Die paulinische Aussage, dass wir zur Freiheit berufen sind, setzt seine Gebote nicht außer Kraft. Aber sie stellt sie auf eine neue Grundlage. Und dieses Neue ist im Dreifachgebot der Liebe, wie wir es oben schon beschrieben haben, konzentriert. Alle Gebote sollen von nun an von diesem Gedanken her betrachtet werden. Das ist die Mitte aller Gebote.

Und noch eines ist im Neuen Bund geschehen. Die Gesetze, die bisher mit Angst behaftet waren, weil sie dem Menschen zeigten, dass er sie nicht einhalten kann und eine ständige Opferung durch die Priester brauchten, damit die Sünden getilgt würden, sind nun ihrer wahren Bedeutung zugeführt worden. Die Angst vor Gott, der die Sünden den Menschen vorhält, ist durch die letztgültige universale Opferung Jesu nicht mehr begründet, denn durch sein Blut sind sie getilgt. Übrig bleibt eine Ethik, die nicht mehr aus Angst eingehalten werden muss, sondern aus Einsicht in das Gute, das Gottes Gebote bewirken wollen.

Nicht umsonst bezeichnet Jesus dies als „neues Gebot"
und als „mein Gebot" (Joh.13,34; 15,12). Aber es bleibt
ein Gebot. Auch wenn das alte Gesetz durch den neuen
Bund nicht mehr Geltung hat, bleiben gewisse
Forderungen bestehen. Der Christ lebt nicht deswegen
asozial oder irreligiös, weil er jetzt frei ist, sondern er
lebt jetzt erst recht sozial und gottverbunden, weil er
eine neue Beziehung zu Gott hat.

VII. Das „Neue Gebot" und die Praxis

Neues Gebot und neue Ethik

Wie soll man die Gebote Gottes vor diesem neuen Ansatz betrachten? Bisher war es so, dass man die Gebote blindlings befolgen musste, nach dem Motto: So steht es geschrieben, so muss man es tun. Bei Jesus aber ist es andersherum. Er weiß nämlich, dass ein blindes Tun zu falschen Resultaten führen kann, was am Verhalten der von ihm kritisierten Pharisäer deutlich wurde. Deshalb befragt er die Gebote von seiner Prämisse aus. Also dienen die Gebote dem Dreifachgebot der Liebe? Durch dieses Brennglas muss der Wille Gottes gesehen werden.

Eine wichtige Voraussetzung der Ethik Jesu ist, dass er seine Handlungsanweisungen psychologisch sieht. Mit anderen Worten: Jesus hat primär keine Ethik für eine Gesellschaft. Er hat eine für jeden Einzelnen. Er will damit keine Politik machen. „Gebt dem Kaiser, was des Kaisers ist und Gott, was Gottes ist" (Mt.22,21), meint genau dieses. Lass die Politiker ihre Politik machen und seht zu, dass ihr eure Sache macht, könnte man frei übersetzen. Und er meint mit dem Einzelnen auch nicht jeden beliebigen, sondern den, der ihm nachfolgt in seiner Jüngerschaft. Das ist ganz entscheidend bei allen ethischen Überlegungen: Sind es Anweisungen für alle, also auch für die Ungläubigen, oder sind es welche für seine Jünger? Das ist der entscheidende Fehler, der immer wieder gemacht wird bei der Betrachtung der Lehre Jesu, dass man ihn politisch interpretiert. Nein, Jesus hat nicht den Fehler gemacht, den z.B. Mohammed später begangen hat, dass er denen, die nicht seiner Lehre folgen wollten, seine Botschaft übergestülpt hat. Er hat den freien Willen der Menschen respektiert. Und er sah auch, dass es nichts bringt, mit Gewalt oder politischer Macht das Evangelium durchzusetzen. Die Kirche hat später auch diesen Fehler begangen als sie politischen Einfluss gewann. Sie verfolgte sog. Ketzer, Andersgläubige und Ungläubige. Heute, wo sie ebenso wieder politisch mitmischt, steht sie in der gleichen Gefahr. Wer in der „falschen" Partei ist, wird ausgegrenzt. Es scheint keine Rolle mehr zu spielen, wie der Einzelne in seinem Glauben steht, wichtig ist wohl nur noch die gesellschaftliche Stellung.

Noch einmal: Mit Jesu Botschaft soll man keine Politik machen! Er wollte es nicht. Ihm ging es um die Frage, ob der Einzelne umkehrt von seinem sündigen Weg und ihm nachfolgt. Buße und Nachfolge kann man nicht befehlen, es sind persönliche Entscheidungen. Jesus lehrte seine Ethik nur für die, die es wollten. Natürlich hörten auch Ungläubige zu, aber ihnen stand es frei, Ihm nachzufolgen.

Warum ist es so eminent wichtig, dass die Jesus-Ethik nur für Gläubige ist? Der Grund liegt im Dreifachgebot der Liebe. Zur Erinnerung, es lautet: Du sollst Gott lieben und deinen Nächsten wie dich selbst. Und Gott kommt zuerst! Also, wenn Gott im Spiel ist, kann es nicht für andere gelten. Wer nicht an Gott glaubt, der gehört nicht zu den Empfängern seiner Botschaft. Und wer vielleicht nur für möglich hält, dass es Gott gibt und es ihm egal ist, was er sagt, für den gilt Jesu Wort in Bezug zur Ethik ebensowenig. Für ihn gilt aber die Aufforderung „Folge mir nach" ebenso. Natürlich spricht Jesus zu allen und er will, dass alle ihm nachfolgen, aber er weiß eben ganz genau, dass niemand aus eigener Kraft Gottes Gebote befolgen kann. Jeder kann es versuchen, natürlich. Jeder, auch der, der nicht gläubig ist, darf sich an sein Wort halten. Dem steht nichts im Wege. Aber es ist und bleibt eine persönliche Sache. Niemand darf hingehen und andere zwingen, das zu tun.

Politisch darf Jesu Ethik nur in dem Sinne sein, wenn durch das gute Beispiel derer, die ihm nachfolgen, die politisch Verantwortlichen einsehen, dass es sinnvoll ist, auch so zu handeln. Seine Ethik ist also im strengen Sinne eine indirekte politische Handlungsanweisung durch die, die gläubig sind und ihre Vorstellungen einbringen.

Gott zuerst! Das ist das Wichtigste in seiner Predigt. Dann der Nächste und dann ich. Wir haben oben schon gesehen, wie das zu verstehen ist.

Befragen wir also einzelne Themen der Ethik, so müssen wir sie nach diesen Dreien beurteilen. Was macht es mit mir? Ist es heilsam? Was macht es mit einem anderen? Ist es für ihn das Richtige? Was macht es mit der Beziehung zu Gott? Fördert es meine Spiritualität? Handle ich in Einklang mit den Gesetzen des Universums (welches ja Gottes Gesetze sind)?

Konkrete Themen wie Abtreibung, Sterbehilfe oder Fragen des sexuellen Verhaltens können so beurteilt werden.

Das Neue Gebot und die moderne Zeit

Anknüpfend an die im Vorwort gestellten Fragen, wollen wir uns überlegen, wie das neue Gebot Jesu in unserer modernen Zeit umzusetzen ist. Diese beginnen m.E. in den sechziger Jahren, symbolisiert in der außerparlamentarisch politischen Opposition, die sich gegen das „Establishment" richtete und in extremen Gruppen, wie die der Bader-Meinhof-Bande sich ausdrückte. Die nachfolgende Hippie-Bewegung veränderte die moralischen Vorstellungen grundlegend. „Sex and Drogs and Rock`n` Roll" wurde zum Schlagwort. Die 1960 auf den Markt kommende Anti-Babypille ermöglichte eine neue Sicht auf das sexuelle Verhalten. Es war eine Aufbruchstimmung der Jugend und wohl kein junger Mensch konnte sich der damaligen Faszination entziehen. Die Musik lieferte die Grundstimmung dieser neuen Zeit, die völlig neu daher kam und neue Klänge erzeugen konnte wegen elektronischer Möglichkeiten. Die Gruppen, die das spielten, waren keine professionellen Musiker mehr, sondern einfache Bands, junge Leute von der Straße. Nahezu jeder konnte eine Band gründen und berühmt werden. Diese zeichneten sich auch noch durch provokante farbige und ausgefallene Kleidung aus. Aber das gemeinsame Kennzeichen waren die langen Haare, die zum Symbol der Unabhängigkeit gegenüber des langweilig empfundenen so genannten Spießertums wurden. Im Musical „Hair" fand die Hippie-Bewegung ihren musikalischen Ausdruck, der nicht nur die neue Freiheit widerspiegelte sondern auch noch spirituelle Elemente enthielt, wie Songs „Aquarius" oder „Hare Krishna" verdeutlichen. Die Beatles (wem muss ich die noch vorstellen?), die das ganze Musikbusiness ins Rollen brachten, machten hinduistische Gedanken bekannt und diese inspirierten ebenfalls die damalige Musik. Und eines noch spielte eine große Rolle. Neben Sex und Rock `n` Roll probierte fast jeder Drogen. Das neue Bewusstsein dieser Zeit ging sozusagen tief in die menschliche Psyche und veränderte die Gesellschaft grundlegend. Es war eine Jugendbewegung.

Und mit der Zeit wurden aus diesen Jugendlichen erwachsene Menschen. Man heiratete irgendwann, trotz Ablehnung des Establishments; man bekam Kinder, man kam beruflich voran, fand auch Gefallen am Konsum, ja man zeigte stolz, was man alles erreicht hatte („mein Haus, meine Frau, mein Auto...").

Nach dem Zusammenbruch der kommunistischen Länder schien auch die linke Ideologie, die auch eine unterschwellige Jugendbewegung darstellte, verloren zu sein. Aber nach anfänglichem Glauben an das Ende der Geschichte schlich sich alles in einem neuen Gewand wieder ein. Mit der grünen Bewegung, die 1980 eine politische Partei wurde, anfangs belächelt, aber später starken Zuwachs bekam, konnten nun nach und nach wieder Positionen der sechziger Jahre populär werden. Und man begann zu überlegen, ob nicht das, was man früher so toll und befreiend empfunden hatte, politisch zu realisieren sei. Heute hat sich grünes und rotes Gedankengut bis weit in die ehemals eher rechts zu verortenden Parteien breit gemacht.

Soweit der etwas ausholende Vorbericht. Nur so lassen sich die gesellschaftlich tiefgreifenden Veränderungen der heutigen Zeit verstehen.

Wie aber steht das neue Gebot Jesu zu diesen Veränderungen? Die Kirchen haben anfangs stark hauptsächlich gegen die „sexuelle Revolution" Stellung bezogen. Sie war gegen die „Pille" und „Abtreibung" und überhaupt gegen „freie Liebe".

War die Ablehnung der Kirche im Lichte der Lehre Jesu begründet oder übertrieben? Heute jedenfalls hört man von offizieller Seite her keine Kritik mehr, ja im Gegenteil, man gewinnt den Eindruck als befürworte sie die neue Freiheit auch noch. Das ist aber nur die oberflächliche politische Seite, im Innern sieht es dann doch anders aus. Jedenfalls bei den Gemeindegliedern, die noch biblisch orientiert sind.

Wir wollen nun exemplarisch ein aktuelles gesellschaftliches Thema streifen und fragen, ob es dem Willen Gottes entspricht. Zugrunde liegt bei der Betrachtung das Dreifachgebot der Liebe, welches uns Jesus als Grundlage für alle Gebote des göttlichen Willens genannt hat. In diesem wird das Neue Gebot, von dem Jesus spricht, verdeutlicht.

Beispiel „Sexuelle Befreiung"

Zur Erinnerung: Das „Dreifachgebot der Liebe" bezieht sich auf Gott, den Nächsten und auf sich selbst. Jede Ethik, jedes konkrete Verhalten, muss von dieser Prämisse aus beurteilt werden. Wichtig auch ist hierbei die Reihenfolge. Also: Zuerst kommt Gott. Jede Ethik, die christlich sein will, muss davon ausgehen. Wir reden hier nicht von einer allgemeinen Ethik, also nicht von Politik, sondern von einer Ethik, die von einer Gottesbeziehung ausgeht.

Vor diesem Gesichtspunkt betrachtet, was ist von

sexueller Befreiung zu halten? Zu diesem Thema gehören sowohl freizügige Liebe vor der Ehe und wechselnde Partner in einer Ehegemeinschaft. Ebenso gehören dazu Empfängnisverhütung wie auch Abtreibung und im weiteren Sinne auch gleichgeschlechtliche Beziehungen dazu.

Heute ist alles scheinbar kein Problem mehr, jedenfalls nicht im juristischen Sinn. Für viele auch nicht im gesellschaftlichen Verhalten untereinander. Jedenfalls wird vieles toleriert.

"Wer zweimal mit derselben pennt, gehört noch zum Establishment", wurde uns Älteren in unserer Jugend beigebracht und jeder schämte sich insgeheim dafür, wenn er nicht mit neuen Partnern aufwarten konnte. Wenn wir uns Filme im Fernsehen anschauen, sehen wir, dass das heute zur Normalität geworden ist. Scheinbar also alles kein Problem. Oder doch? Wie sieht es aber unter der Oberfläche aus?

Wir wollen zuerst das gesellschaftliche Umfeld erörtern und später dann das religiöse.

Ohne zu sehr in die Tiefe zu gehen, darf man fragen: Was macht es mit jungen Mädchen, wenn sie wechselnde Partner haben, die sich nicht binden möchten und sie nur zur Lustbefriedigung missbrauchen? Sehnt sich solch eine Seele nicht nach einer tiefen Bindung? Erst recht, wenn daraus eine Schwangerschaft entsteht. Ebenso: Was macht es mit einem Jungen, für den ein Mädchen nur ein Objekt ist (natürlich auch umgekehrt)? Wie viele Jugendliche bringen sich aus enttäuschter Liebe um oder treiben ab. Das ist die Kehrseite.

Ebenso in der Ehe: Zwar ist ein Seitensprung in der Ehe heute kein Scheidungsgrund mehr, aber wie viel Leid und Enttäuschung ist dadurch entstanden? Und wie viel Ehen sind dadurch zerbrochen, wie viele Kinder haben die Geborgenheit einer intakten Familie verloren? (Natürlich gibt es auch andere Gründe einer Ehescheidung als Untreue).

Das Thema Abtreibung kann auch gesellschaftliche Folgen haben, zum Beispiel bei der Frage einer abnehmenden Bevölkerungsrate. Aber es ist primär ein religiöses Thema. Es berührt Fragen wie: Ab wann beginnt ein menschliches Leben? Bei der Befruchtung oder später? Vielleicht erst, wenn es nach einer Geburt auf die Welt kommt? Wenn es bereits früher beginnt, ist dann Abtreibung Mord? Darf dann auch dafür geworben werden, wie es mancherorts gefordert wird?

Egal, ab wann man den Beginn eines Lebens im Mutterleib definiert, man verhindert auf jeden Fall ein zukünftiges Leben; man ermöglicht es einem Menschen nicht, auf die Welt zu kommen.

Es fällt schwer, Antworten auf die aufgeworfenen Fragen zu erhalten, ohne einen tieferen Bezugspunkt. Welche Prämisse soll denn gelten, wenn unsere Gesellschaft das Religiöse bewusst ausgeklammert hat? Es bleibt nur die für gut erachtete Willkür. Und hier können eigennützige Motive eine Rolle spielen. Ohne Bezug auf eine höhere Macht ist alles möglich. Diese absolute Freiheit haben doch alle gewollt. Nichts kann uns mehr begrenzen. Wir können scheinbar tun und lassen, was wir wollen.

Selbst wenn fundamental-religiöse Argumente willentlich ausgeklammert werden, wurmt da noch was in unserem Gewissen!! Und das liegt daran, dass die Gesetze des Universums, welches ja Gottes Gesetze sind, die er uns „ins Herz gelegt" hat, in uns wirken, ob wir an Gott glauben oder nicht. Wir unterstehen automatisch diesen Naturgesetzen.

Selbst bei gesellschaftlicher Akzeptanz können bestimmte Taten einen seelischen Schaden verursachen. Promiskuität zum Beispiel ist keine Straftat, in Übereinkunft mit den Partnern ist alles im Bereich der Akzeptanz. Damit ist aber die Frage nach einer seelischen Beschädigung noch nicht beantwortet. Bei Abtreibung ist es ebenso. Gesellschaftlich und juristisch erlaubt, aber was macht das mit der Seele der Frau, die das getan hat? Es gibt genug Berichte über psychische Probleme nach einem Schwangerschaftsabbruch.

Viele Dinge sind erlaubt, aber nicht alles ist deshalb auch gut für uns (1.Kor.6,12). Und diese Aussage betrifft nicht nur unsere Seele, sondern auch unsere Beziehung zu Gott.

Wer ein intensives religiöses Leben führt und Gott im Gebet kennengelernt hat, wird sensibel für die Probleme der Welt und der weiß um die Folgen falscher Taten. Er spürt auch, dass nicht alles, was gesellschaftlich erlaubt ist, seelisch gut ist und manches Verhalten kann die Beziehung zu Gott stören. Unsere Taten sollen von Gott gesteuert werden, so wie Jesus es im Gleichnis vom Weinstock verdeutlicht hat: „Ich bin der Weinstock, ihr die seid die Reben. Wer in mir bleibt und ich in ihm, der bringt viel Frucht, denn ohne mich könnt ihr nichts tun" (Joh.15,5).

Die „Welt" scheint instinktlos geworden zu sein in Bezug zur inneren Gewissheit um Gut und Böse. Die gesellschaftlichen Meinungen drehen sich wie eine Fahne im Wind des jeweiligen Mainstreams. Vielleicht spielt auch der in früheren Zeiten anerzogene Glaube an die wenig angezweifelte Unfehlbarkeit der politischen

Führung eine Rolle. Ein religiöser Mensch steht weniger in der Gefahr, manipuliert zu werden, weil er ein Fundament hat, das sowohl durch die Heilige Schrift als auch in seiner Beziehung zu Gott begründet ist.

Nur ansatzweise sollen nochmals einige Themen angesprochen werden und von hier aus zum Überlegen anregen.

Widerspricht die „Abtreibung" eines noch nicht geborenen Lebewesens dem 5. Gebot? Welche Folgen hat es für das Lebewesen selbst, dem die Möglichkeit genommen wurde, zur Welt zu kommen? Welche Folgen hat es für die Mutter, im seelischen Bereich und für die Beziehung zu Gott?

Widerspricht die „Sterbehilfe" dem 5. Gebot?

Widerspricht eine „Freie Sexualmoral" dem 6. und dem 10. Gebot? Was macht es mit jedem Einzelnen und mit der Gesellschaft?

Widerspricht die „Genderideologie", die aus Mann und Frau, aus Vater und Mutter, geschlechtsneutrale Begriffe einführt wie „Gender 1 und Gender 2" und die Vorschulkinder bereits mit Fragen zur Geschlechtswahl und Sexpraktiken verwirrt, dem 4. und dem 6. Gebot?

Sind „Love-Paraden" Verherrlichung einer falsch verstandenen Liebe, die nur auf Triebbefriedigung reduziert sind? Verstoßen sie gegen das 6. Gebot und gegen alttestamentliche und neutestamentliche Verweise auf „Porneia" (z.B. Kol.3,5 oder Gal.5,19): „Offenbar sind aber die Werke des Fleisches, als da sind: Unzucht, Unreinheit, Ausschweifung...".

Viele andere Bereiche der neuen Zeit könnte man noch ansprechen: Ist Kapitalismus und die Ausbeutung der Natur egoistisch und widerspricht dies dem 9.Gebot? Sind „Multikulti" und „Offene Grenzen", sowie

„Abschaffung der Nationalstaaten und des Volksbegriffs" gegen Gottes Willen, der verschiedene Völker erschaffen hat und der über jedes einen Völkerengel gesetzt hat (Dan.10,13)?

Eine Gesellschaft ohne Gottesbezug, also eine, die sich säkular nennt, wird sich ganz gewiss nicht diese Fragen stellen. Aber es gibt in einer politischen Regierung auch gläubige Menschen. Die können ganz für sich selbst nach Gottes Anweisungen handeln und vielleicht wagt es der eine oder andere auch, seine kritischen Anfragen zur politischen Diskussion zu stellen.

VIII. Ethik durch den Heiligen Geist

Bisher haben wir uns vorwiegend damit beschäftigt, was man nicht darf, weil die Zehn Gebote so gestaltet sind und meist mit „Du sollst nicht..." beginnen. Ebenso haben wir von Gesetz und Gebot gesprochen, alles in dem Sinne, dass man dabei mehr oder weniger nach seinem eigenen Seelenheil fragt. Zum Beispiel: „Komme ich in den Himmel, wenn ich diese oder diese Sünde tue?" Dabei bleiben wir bei uns hängen und bei allen Geboten der Fürsorge für andere, schielen wir doch noch zu sehr auf unser Ego.

Nun hat gerade Jesus Christus uns davon frei machen wollen! Er hat doch deshalb das Leiden am Kreuz auf sich genommen, weil er uns lösen wollte von unseren Verstrickungen und uns den Auftrag gegeben hat, nun frei für andere zu sein. Wer nach Jesu Willen sich ihm in der Taufe übergeben hat, der muss sich nicht ständig sein Seelenheil verdienen durch Einhaltung der Gebote. Das wäre dann ja quasi Selbsterlösung. Erlöst aber haben wir uns nicht selbst, sondern Jesus hat das am Kreuz getan. Vertrauen wir nicht seinem Opfertod, dann ist er umsonst gestorben. Wir dürfen frei sein vom ständigen Schielen auf die Gesetze Gottes. Selbstverständlich, um das nochmal zu betonen, leben wir in diesem Glauben nicht wie Diebe oder Mörder, nur weil wir frei sind.

Jesu Ethik hat sich am deutlichsten in der Nächstenliebe gezeigt. Aber er ist weit entfernt von einem Aktionismus. Bevor wir uns dem Nächsten zuwenden, muss erst etwas anderes geschehen sein. Lassen wir uns vom Beispiel Jesu inspirieren.

Was tat er, bevor er seine Wirksamkeit begann und

öffentlich auftrat? Es wurde schon mehrfach oben gesagt: Er zog sich zurück in die Wüste. Dort fastete er vierzig Tage lang und betete. Bevor er etwas tat, suchte er in der Einsamkeit die Nähe Gottes, um sich von ihm für seinen Dienst ausrüsten zu lassen. Damit erfüllte er den ersten Teil (zuerst Gott) des Dreifachgebotes der Liebe, welches er lehrte. Dann erst wandte er sich den Menschen zu.

Worin bestand sein ethisches Handeln (außer seinem Kreuzestod)? Er predigte vom Reich Gottes und er heilte. Damit ist grob sein Tun umschrieben. Man kann es auch anders ausdrücken. Jesus brachte das Heil. Und zwar im umfassenden Sinne. Er brachte es für unsere Gottesbeziehung, er brachte es für unser Seelenheil und er brachte es für das tägliche Leben. Er heilte Kranke, indem er sie berührte. Dadurch wurde er zuerst hauptsächlich bekannt unter den Menschen.

Als Johannes der Täufer im Gefängnis war und zwei seiner Jünger zu Jesus schickte, weil er wissen wollte, ob dieser der Messias sei, antwortete Jesus: „Die Blinden sehen, die Lahmen gehen, die Aussätzigen werden rein und die Tauben hören, die Toten stehen auf und den Armen wird das Evangelium gepredigt" (Mt.11,5). Damit beschreibt Jesus sein Handeln und seine Aufgabe.

Im Folgenden wollen wir die Ethik Jesu, ausgehend von der Bergpredigt, näher betrachten und später dann auf den Heiligen Geist zu sprechen kommen.

Als erstes fällt auf, dass er in seiner großen Rede seine Hörer selig preist. Er segnet also diejenigen, die gesellschaftlich und religiös nichts gelten, nämlich die Armen, die Leidenden, die Verfolgten, die Friedfertigen und die reines Herzens sind. Er spendet Gottes Segen als unverdiente Vorausgabe, ohne eine fromme Vorleistung. Bevor Jesus seine Predigt hält, ist ihm das wichtig. Alle Hörer sollen unter dem Segen Gottes stehen, damit sie seine Worte richtig verstehen können. Heute würde man es so ausdrücken: „Ihr seid angenommen bei Gott so wie ihr seid, weil er euch liebt; das sollt ihr wissen, bevor ich euch meine Worte sage".

Wer Jesus nachfolgt, wird als „Salz und Licht" bezeichnet. So wie Salz eine Mahlzeit schmackhaft macht und Licht einen Raum erhellt, so sieht er die Seinen. Denn sie sollen ein leuchtendes Vorbild sein, für alle, die ihn noch nicht kennen. Seine Anweisungen sind so zu verstehen, dass sie nicht Leistungen zur Seligkeit sind, sondern für die anderen wichtig sind. Wir, die Christen, sollen missionieren durch gute Taten. Daran wird Gottes Wort für die meisten deutlicher als durch theoretische religiöse Lehren. „An ihren Früchten werdet ihr sie erkennen" (Mt.7,20).

Über allen Handlungen Jesu stand ein Grundgedanke, nämlich das Heil. Jesu Taten waren primär Heilungen. Er brachte das Heil für den Geist, die Seele und den Leib, wie oben bereits mehrfach erläutert. Woher bezog Jesus seine Kraft zu heilen?

In der Bergpredigt sprach er: „Euch ist gesagt...Ich aber sage euch..." Das bedeutet, dass er seine Kraft nicht aus schriftlichen Gesetzen bezog, sondern aus einer anderen Quelle. Nämlich der Quelle, aus der alle Gesetze entstanden sind. Sowohl die Gesetze, die Mose erhalten hat, als auch die, die das Universum regieren, als auch die, die in unser Herz eingeschrieben sind. Und dieser Ursprung ist Gott selbst.

Seine erschaffene Welt, also das gesamte Universum, ist

152

von Natur-Gesetzen durchdrungen. Von jedem Atom beginnend, bis hinauf zu den entferntesten Planeten, ist alles verwoben von Gottes Programmierung. Da auch wir Teil Seiner Welt sind, ist es nur allzu logisch, dass die gleichen Gesetze auch uns betreffen. Jedes Atom von uns untersteht dem selben Gedanken. Viele Philosophen kennen die Vorstellung: „Wie oben, so unten". Und viele nennen sie „Ins Herz geschrieben".

Wir kennen die Gesetze eines Computers. Auch hier muss etwas programmiert werden, bevor es sichtbar auf einem Monitor erscheint. Auch hier verstehen wir, dass alles von kleinsten mathematischen Regeln abhängt. Eine falsche Programmierung erzeugt Chaos. Eine falsche Anwendung einer korrekten Eingabe ebenfalls. All das verstehen wir mittlerweile, weil der Mensch in dieser Beziehung schon sehr weit entwickelt ist. Und Ähnliches gilt auch für das Universum. Gott ist hier der Programmierer.

Wir wissen bereits, dass Jesus all sein Tun aus der Beziehung zu Gott bezogen hat. Er kannte also die Gesetze Gottes. Und hier sprechen wir nicht mehr von den Mosegesetzen, sondern von Gottes universalen Gesetzen, die Jesus in seinem „Dreifachgebot der Liebe" zusammengefasst hat. Seine Ethik ist also vom Reich Gottes bestimmt, welches das Universum umgreift und durchdringt.

Diese Gesetze, das sei nochmals in Erinnerung gerufen, sind eine Pädagogik Gottes, die uns leiten wollen. Im Prinzip trägt jeder dieses Wissen tief verborgen in seinem Herzen, allerdings ist es so verunreinigt durch unser falsches Verhalten, dass wir es nicht mehr richtig sehen können. Jesus fordert ein „reines Herz" als Voraussetzung dafür, dass wir Gott sehen können

(Mt.5,8), bzw. seinen Willen erkennen können. Um Jesu Verhalten besser verstehen zu können, muss vorher noch über ein anderes Thema nachgedacht werden. Bei all den bisherigen Überlegungen ist ein Aspekt nur sehr schwach behandelt worden. Dabei ist er der entscheidende Gedanke für eine christliche Handlung. Alle Gesetze und Gebote und Verhaltensregeln, alle Überlegungen über gut und böse sind im Grunde nur Kopfgeburten. Sie entstammen aus eigenen und fremden Überlegungen und geschriebenen Satzungen und Gesetzen.

Dabei hat uns Jesus nach seiner Himmelfahrt etwas Entscheidendes verheißen, nämlich den Heiligen Geist. Er knüpft dabei an viele Prophezeiungen alttestamentlicher Propheten an, die dieses Ereignis vorhersagten. Und im sogenannten Pfingstereignis ist es dann geschehen. Die Apostelgeschichte erzählt davon und erinnert an den Propheten Joel, der geschrieben hat: „Und es wird geschehen in den letzten Tagen, spricht Gott, dass ich meinen Geist ausgießen werde über alles Fleisch..." (Joel 2,28).

Die Apostelgeschichte (Apg.2,1ff) erzählt sehr ausführlich von diesem Ereignis, das ein einschneidendes Erlebnis für die Jünger war. Hier erhielten sie die göttliche Kraft für ihr Leben.

Man könnte es passend zu unserem Thema auch so ausdrücken: Ihre Ethik stand nunmehr auf einem anderen Grund. Jetzt handelten sie nicht mehr aus eigener Kraft, aus eigener Anstrengung und Mühe, zum Teil auch ungern, weil man halt gehorsam sein muss; jetzt handelten sie aus Begeisterung, im wahrsten Sinn des Wortes. Jetzt handelte ein anderer durch sie. Sie wurden befähigt, nun gleiche Dinge zu tun wie Christus.

154

Auch sie waren nun Heilbringer im umfassenden Sinn und konnten auch Kranke heilen. „Es geschahen viele Wunder und Zeichen durch die Apostel..." (Apg.2,43). Die erste Handlung, nach Empfang des Heiligen Geistes, war die Verkündigung, durch die mit einem Schlag ca. dreitausend Menschen in Jerusalem auf den Namen Jesus Christus getauft wurden. Und danach folgte, als die Jünger zum Tempel gingen, vor dem Tempeleingang eine Heilung. Ein stadtbekannter lahmer Bettler, der täglich vor dem Tempel saß, bat Petrus und Johannes um ein Almosen. Petrus sprach zu ihm: „Silber und Gold habe ich nicht; was ich aber habe, gebe ich dir: Im Namen Jesu Christi von Nazareth stehe auf und wandle! Und griff ihn bei der rechten Hand und richtete ihn auf. Alsbald standen seine Füße und Knöchel fest und er stand auf, konnte gehen und stehen und ging mit ihnen in den Tempel, wandelte und sprang und lobte Gott" (Apg.3,6-8).

Wenn wir uns fragen, warum wir das heute nicht mehr erleben, kann man entweder schlussfolgern, dass diese Geschichten alle gelogen sind, oder man vertraut diesen Berichten und fragt sich, woran das liegen kann, dass der Heilige Geist heute nicht mehr so wirkt wie damals. Wir wissen ja, dass Gott niemals seine Gaben jemandem aufzwingen möchte, weil er unsere Freiheit akzeptiert. Die meisten, selbst wenn sie gläubig sind, haben diesen Glauben nur als Weltbild in sich, aber haben keine praktische Gemeinschaft mit Gott, die sie im Gebet pflegen könnten. Wieder andere misstrauen den Berichten der Bibel und halten Wunder generell nicht für möglich. Durch sie wird Gott sicher auch keine Wunder tun. Wieder andere glauben zwar an Wunder, aber ihr Verhalten verhindert Gottes Wirken. Wer nicht christlich lebt, sondern weltlich gesinnt ist, der verunreinigt seine Seele und in ein unreines Gefäß wird Gott sicher keinen edlen Wein einschenken.

Auch damals war es so, dass viele zwar gläubig geworden sind, aber den Heiligen Geist noch nicht erhalten hatten (Apg.8,16). So gehen Petrus und Johannes zu ihnen und legen ihnen die Hände auf und sie empfangen den Heiligen Geist (Apg.8,16.17). Sie, die Jünger, haben ihn von Gott selbst erhalten, den anderen aber wird er durch Handauflegung übermittelt. Wo geschieht es heute, dass durch Handauflegung der Geist Gottes übertragen wird? Da diese Praxis nicht mehr gepflegt wird, kann das ein Grund sein für das Fehlen der Geistesgaben. Andererseits steht im 1.Korintherbrief: „Niemand kann Jesus den Herrn heißen, ohne durch den Heiligen Geist" (1.Kor.12,3). Damit ist gesagt, dass jeder, der an Jesus zu glauben vermag, das nur kann, wenn es durch den Heiligen Geist geschieht.

Hier muss unterschieden werden, ob man vom Heiligen Geist an sich, oder von seinen Geistesgaben spricht. Es gibt ja viele davon. Die erste Geistesgabe ist ja wie gesagt, dass man überhaupt an so etwas für die Welt „Absurdes" glauben kann, wie die Behauptung, dass Jesus Gottes Sohn ist oder dass Wunder geschehen können. Denn es widerspricht ja scheinbar unserer alltäglichen Situation. Jeder, der gläubig geworden ist, darf davon überzeugt sein, dass er den Heiligen Geist bekommen hat. Und dieser Geist wird uns auch befähigen, gutes, im Sinne Gottes zu tun. Er wird uns die Augen öffnen für unsere Nächsten und wird uns leiten, ihnen zu helfen. Er wird uns auch befähigen, gesellschaftliche und politische Missstände zu erkennen. Es lässt sich nicht genau ausmachen, ob für die ersten Christen die Geistesgaben nur durch Handauflegung und Übertragung eines Gläubigen, der bereits diese Gaben besitzt, übermittelt wurden, oder ob diese auch direkt von Gott geschenkt werden, ohne menschliche Vermittlung. Es wird wahrscheinlich beides möglich gewesen sein, wenn auch vieles dafür spricht, dass, wenigstens in den Anfängen der Christenheit, die Praxis der Handauflegung zuerst geschah.

In der katholischen Kirche gibt es heute noch diese Praxis, die bei der „Firmung" geschieht. Allerdings ist die Wirkung dieser Praxis sehr zu hinterfragen, denn es geschieht an Jugendlichen im Alter von fünfzehn Jahren, die wahrscheinlich wenig Ahnung haben, was da an ihnen gemacht wird. Auch in der orthodoxen Ostkirche gibt es eine ähnliche Praxis. Hier geschieht die Firmung direkt nach der Taufe. Der Getaufte wird mit Myronöl gesalbt und damit mit dem Heiligen Geist versiegelt. Man vertraut hierbei dem Heiligen Geist, dass er sich zu gegebener Zeit wirksam erweisen wird.

Welches sind die Geistesgaben, die ein gläubiger Christ erhalten kann? In 1.Kor.12,8-11 steht geschrieben: „Einem wird gegeben durch den Geist zu reden von der Weisheit, dem anderen wird gegeben zu reden von der Erkenntnis, nach dem selben Geist; einem andern der Glaube in demselben Geist; einem andern, die Gabe, gesund zu machen in dem einen Geist; einem andern die Kraft, Wunder zu tun, einem andern Weissagung; einem andern, Geister zu unterscheiden; einem andern mancherlei Zungenrede; einem andern, die Zungen auszulegen. Dies alles aber wirkt derselbe eine Geist und teilt einem jeglichen das Seine zu, wie er will".

Neben diesen Gaben gibt es auch sog. „Früchte" des Heiligen Geistes, wie wir im Galaterbrief lesen können: „Regiert euch aber der Geist, so seid ihr nicht unter dem Gesetz (Kp.5,18)....Die Frucht aber des Geistes ist Liebe, Freude, Friede, Geduld, Freundlichkeit, Gütigkeit, Glaube, Sanftmut, Keuschheit" (V.22).

Die Ethik eines gläubigen Christen, der durch den Heiligen Geist geführt wird, unterscheidet sich also grundlegend von der Ethik, die für die Allgemeinheit gilt. Zwar gelten für einen Christen die gleichen Grundsätze einer allgemeinen Ethik, aber sie gehen weit darüber hinaus.

Es muss nicht betont werden, dass Jesus Christus, als er auf Erden wandelte, von diesem Geist beseelt war, wenn man es überhaupt so ausdrücken würde. Denn das Glaubensbekenntnis der Christenheit besagt ja, dass er Teil der Trinität ist, die davon ausgeht, dass Gott, Jesus Christus und Heiliger Geist eine Einheit darstellt. All sein Handeln war also ein Handeln aus dem Geist Gottes. Durch ihn konnte er Wunder tun und Kranke heilen und Menschen für das Reich Gottes gewinnen. Wer Jesus als Vorbild für seine ethischen Handlungen betrachtet, der muss das in Betracht ziehen.

Das Handeln eines Christen, so muss man sagen, sollte also bestimmt sein von den o.g. allgemeinen ethischen und religiösen Erkenntnissen, wie auch von den Geboten Gottes und dem Beispiel und der Lehre Jesu und schließlich ebenfalls von der Leitung durch den Heiligen Geist.

IX. Zusammenfassendes Schlusswort

Ausgehend von der Frage, was gutes und schlechtes Handeln ist und ob es überhaupt etwas Gutes und Schlechtes an sich gibt, haben wir weiter gefragt, was ein religiöses und schließlich, was ein christliches Handeln ist.

Dabei haben wir festgestellt, dass jede Ethik, wenn sie den ganzen Menschen erfassen möchte, dreidimensional sein, d.h. Körper, Seele und Geist einschließen muss, ebenfalls mich, den Nächsten und die metaphysische Ebene (Gott), und dass sie von Empathie zu allem Lebenden getragen sein sollte.

Schließlich haben wir schriftliche Zeugnisse einer christlichen Ethik angeschaut, wie die Zehn Gebote und die Bergpredigt und haben uns die Neue Ethik, die Jesus Christus uns gebracht hat, die nicht mehr von einem Leistungsanspruch ausgeht, sondern vom „Neuen Bund Gottes", vergegenwärtigt. Alles mündete in der Erkenntnis, dass beim christlichen Handeln der Heilige Geist eine zentrale Rolle spielt.

Somit kann eine christliche Ethik keine moralische Anweisung für die Allgemeinheit sein, die von religiösen Dingen nichts wissen will. Eine christliche Ethik ist nämlich, wie wir sie hier versuchten aufzuzeigen und wie der Name schon sagt, für Christen. Sie will speziell für diese eine Orientierung bieten, nach der sie in dieser Zeit des Relativismus, wo scheinbar alles erlaubt ist, leben sollen.

Wenn wir aber von „Sollen" sprechen, hört sich das sehr nach Vorschrift an, so, als würden wir Christen wieder in ein pharisäisches Verhalten zurückfallen und die „Neue Ethik", die Jesus uns gebracht hat, nicht achten.

Das ist es aber nicht, sondern, wie gesagt, bieten die Zehn Gebote und die Bergpredigt Jesu eine Orientierung. Und ebenso ist es mit den übrigen Schriften der Bibel und besonders denen des Neuen Testamentes, z.b. den Briefen der Jünger Jesu, wie Petrus, Paulus und Johannes. Sie alle geben uns Ratschläge zur Gestaltung eines Christenlebens. Letztere betonen besonders die Früchte des Heiligen Geistes. Im Galaterbrief des Paulus beispielsweise sind diese als „Liebe, Freude, Friede, Geduld, Freundlichkeit, Gütigkeit, Glaube, Sanftmut, Keuschheit" beschrieben (Gal.5,22). Es sind, wie gesagt „Früchte", das heißt, es ist etwas Gewachsenes aus dem „Baum" des Heiligen Geistes. Hierbei vergleiche man das Wort Jesu, wenn er spricht: „An ihren Früchten sollt ihr sie erkennen. Kann man auch Trauben lesen von den Dornen oder Feigen von den Disteln? Also bringt jeder gute Baum gute Früchte; aber ein fauler Baum bringt arge Früchte" (Mt.7,16.17). Und das Jesuswort vom Weinstock verdeutlicht das ebenso: „Ich bin der Weinstock, ihr seid die Reben. Wer in mir bleibt und ich in ihm, der bringt viel Frucht; denn ohne mich könnt ihr nichts tun" (Joh.15,5).

Damit ist ganz deutlich gesagt, dass die neue Ethik nicht auf unserer menschlichen Kraft beruht, sondern von „oben" her kommt. Es ist kaum möglich, dass die oben beschriebenen „Früchte" wie Liebe, Freude, Glaube, etc. oder gar Keuschheit, als eigene Leistung und aus eigener Kraft zu leisten sind. Die christliche Ethik braucht die Kraft Gottes.

Und einen Christen sollte man an diesen Gewächsen des Glaubens erkennen können. Im Umkehrschluss kann man auch einen „Weltmenschen", also einen, der sich nicht von Gott leiten lässt, erkennen. Im obigen Galaterbrief ist vor der Beschreibungen der guten Früchte des Heiligen Geistes auch von den „argen Früchten" zu lesen, die Paulus wie folgt beschreibt: „Unzucht, Unreinigkeit, Ausschweifung, Götzendienst, Zauberei, Feindschaft, Hader, Eifersucht, Zorn, Zank, Zwietracht, Spaltungen, Neid, Saufen, Fressen und dergleichen" (5,19.20).

Jeder möge sich selbst an diesen Aussagen prüfen, ob er vom Geist Gottes gelenkt wird oder ob seine Handlungen Früchte dieser Welt sind.

Viele halten sich für Christen, aber leben ein ausschweifendes Leben oder säen Zank und Zwietracht und spalten eine Gesellschaft durch Zorn und Lüge. Letztgenannte Frucht, nämlich die Lüge, ist hier beim Paulusbrief nicht extra aufgeführt, gehört aber wie vieles andere auch zu derselben Kategorie. Alles, was andere Menschen verletzt, gehört dazu.

Wie wir sehen, ist christliches Verhalten alles andere als beliebig, sondern orientiert sich an den Vorbildern und Schriften des Neuen Testamentes. Denn, obwohl es Früchte sind, also aus Gott selbst entspringen, sind es doch auch keine Automatismen. Die Früchte des Heiligen Geistes sind immer auch zugleich an unseren Willen gekoppelt. Gott achtet auch hier unsere freie Entscheidung, das zu tun, was Gott möchte oder es nicht zu tun. Gott zeigt uns zwar durch den Heiligen Geist, was sein Wille ist (also was gut ist) aber er zwingt uns nie es zu tun. Aber was wäre das für ein Christ, der nicht gern das tut, was sein Herr ihm aufträgt? Weiß er doch zu genau, dass dieser Gehorsam jedem zugute kommt, letztlich auch ihm. Wer nach seinem Willen handelt, der steht unter seinem besonderen Segen.

Wir haben in diesem Buch bewusst darauf verzichtet, konkrete Handlungsanweisungen zu geben, nach dem Motto: Ein Christ muss das und das tun und das und das lassen. Denn wir haben nur nach Prinzipien gesucht, nämlich nach Prinzipien der allgemeinen, religiösen und christlichen Ethik. Anhand dieser kann sich jeder selbst ausmalen, wie er in konkreten Situationen handeln muss. Diese alltäglichen Situationen, denen wir ständig begegnen, sind zu vielfältig, als dass man das an Beispielen durchspielen könnte. Ein konkretes Beispiele haben wir oben bereits gegeben, nämlich wie Jesus Christus bei seinem Wort über das Hinhalten der anderen Wange nach einem Schlag oder Beleidigung handeln würde (Kapitel: Nächstenliebe der privaten Ethik).

Andere ethische Verhaltensweisen, wie etwa in der Politik haben wir nur gestreift und prinzipielle Fragen aufgeworfen, worüber jeder selbst nachdenken möge.

Was aber wesentlich ist und unter dem Strich quasi festgehalten werden sollte, ist, dass das wirklich Gute nur in einer Gottesbeziehung zu erkennen und zu verwirklichen ist. Eine Gesellschaft ohne diese wird also ziemlich sicher in die Irre laufen, wie man bei wachem Verstand heute bereits erkennen kann.

Anhang

Prinzipien der Ethik

<u>Das Gute Handeln der allgemeinen Ethik:</u>

Es ist Empathie für alles Seiende und uns „ins Herz geschrieben", weil wir Teil des (göttlichen) Universums sind, in dem alles „in Ordnung" ist. Jedes Lebewesen untersteht seiner zugeordneten Ordnung. Fallen wir aus dieser Ordnung durch falsche Lebensweise oder chaotisches, d.h. „böses" Handeln, schlagen unser Herz und Körper Alarm und es entstehen Gewissensbisse und Krankheiten.

<u>Das Gute Handeln in der religiösen Ethik:</u>

Es ist am „Summum Bonum" (Höchstes Gut), welches Gott ist, orientiert. Er ist außerhalb und oberhalb des relativen Guten und zugleich das höchste Glück und das letzte Ziel des Menschen. Es knüpft an der allgemeinen Ethik an und ist geprägt von einer spirituellen und transzendenten Wirklichkeit.

<u>Das Gute Handeln in der Christlichen Ethik:</u>

Es ist die Einbeziehung des ganzen Menschen als Körper, Seele und Geist und vervollständigt die allgemeine und religiösen Ethik.
Es ist am Vorbild Jesus Christus orientiert und von Seinem „Neuen Gebot" inspiriert, welches aus Freiheit und Liebe zu Gott gern getan wird. Die Gebote Gottes, die Predigt Jesu und die Worte der Apostel werden nicht mehr als starre Gesetze, sondern als Angebote und Wegweiser zum Leben verstanden.
Es ist eine Gabe des Heiligen Geistes. Unsere Handlungen sind Gaben und Früchte von Ihm.

Bibelstellen

Neues Testament

Altes Testament